JN080107

社会を変えるスポーツイノベーション

2つのプロリーグ経営と100のクラブに足を運んでつかんだ、これからのスポーツビジネスの真髄

大河正明 著

大阪成蹊大学スポーツ
イノベーション研究所 編

OSAKA SEIKEI UNIV
INSTITUTE FOR
SPORTS
INNOVATION

晃洋書房

はじめに

　2020年6月，5年3カ月におよぶバスケットボール界での挑戦に終止符を打ちました。FIBA（国際バスケットボール連盟）によるJBA（公益財団法人日本バスケットボール協会）への制裁（国際試合出場停止処分）の早期解除というミッションに始まり，B.LEAGUEの立ち上げと成長に心血を注ぐ機会を得られたこと，さらには低迷していた男子日本代表が強化され，ワールドカップとオリンピックの出場を果たすという場面に立ち会えたことは，何ものにも代え難い経験となりました。

　大変チャレンジングでエキサイティングな経験でしたが，ふり返ってみると，24時間365日，バスケットボール界，ひいてはスポーツ界全体の発展を考えて過ごす日々が続きました。常に心して臨んだことは，「BREAK THE BORDER」という言葉です。「前例を笑え」「常識を壊せ」「限界を越えろ」という組織の価値観（バリュー）に沿った言動に徹することに努めるよう心掛けました。

　当時のスポーツ界で対外的に数字をコミットメントしたものは，恐らく「JFA2005年宣言」だけではないでしょうか。「JFA（公益財団法人日本サッカー協会）の約束2015」では，世界でトップ10の組織となり，サッカーファミリー500万人，日本代表チームの世界トップ10入りを宣言。「JFAの約束2050」では，サッカーファミリー1,000万人とワールドカップの日本開催，そして同大会での日本チームの優勝を宣言しています。

　B.LEAGUEという名称を発表したのが2015年9月15日。その際，「世界に通用する選手やクラブの輩出」「エンターテイメント性の追求」「夢のアリーナの実現」からなる三つの使命（ミッション）を併わせて公表しましたが，同時に，オリンピックイヤーとなる2020年における定量的な目標（ビジョン）を世間に示してやり遂げる必要性を感じていました。

i

総花的抽象的な目標を掲げるのではなく，定量的な数字を示すことに意味がある，これは銀行の企画部門に長く在籍した性だと思いますが……。その結果，入場者数・事業収益などの具体的な数字を発信しました。なかでも川淵三郎さん（当時，JBA 会長）は日本人 1 億円プレーヤーの出現に拘っていました。B.LEAGUE が順調にスタートできた背景には，こうした数字への執着があったのではないかと思っています。ちなみに，コロナ禍での不測の事態に備えるためのキャッシュを 10 数億円蓄えることもできました。

　2015 年に新たな組織としてスタートを切った B.LEAGUE は，2020 年までをフェーズ I と位置づけ，2018 年頃より，その後の成長戦略である「BE-YOND2020」の検討を開始しました。リーグ開幕後 10 年が経過する 2026-27 シーズンに向けた経営戦略として，2019 年 7 月 1 日に中長期計画を発表しています。いわゆる新 B1 基準を含めた「将来構想」の発表です。

　観る者にとって快適なアリーナ基準を設定し，ソフト・ハードの一体経営を実現することが戦略の中核です。その時の世界観は，国民的スポーツとしての認知度向上，NBA に次ぐリーグとしての地位確保，憧れの職業 No.1，就職したい企業 No.1 といったことを想定しています。

　2026-27 シーズン以降を当面の最終目標とし，その時期をフェーズⅢとするならば，2021-2026 までのフェーズⅡの過ごし方は極めて重要です。フェーズⅡでは，ソフト・ハードの一体経営を中心に据えつつ，デジタルマーケティングを進化させ顧客基盤の確立に努めること，自前での放送・通信や映像制作までを睨んだメディアカンパニー化を志向することが主な施策です。また，アジア戦略の本格稼働，地域創生×バスケットボールファミリーの拡大も併せて重要な施策として位置づけています。

　話は変わりますが，今から遡ること 12 年前の 2010 年，30 年近く勤めた銀行を辞し，J リーグ事務局に飛び込みました。いつかはスポーツ界発展に貢献したいとの夢が叶った瞬間です。30 代後半の 2 年間，銀行から出向した先が J リーグです。まさに感動と隣り合わせのスポーツには計り知れない力がある

ことを知った 2 年間となりました。これがスポーツに関わる仕事に従事する契機となったのです。

　J リーグ，B.LEAGUE では 100 以上のクラブを訪問しました。クラブ社長との膝詰めでの対話，スタジアム・アリーナの視察はもちろんのこと，練習場・クラブハウスの視察，首長との面談，地元メディアのインタビューなど，すべてが今日の自分自身の財産となっています。

　スポーツの産業化を推し進めていくうえでは，① スタジアム・アリーナ改革，② 経営人材の育成，③ 他産業との融合による新たなビジネスの創出，という 3 本柱がキーワードとなりますが，あえて一つ，何が最も重要かと言えば，それは間違いなく人材の育成でしょう。

　本書はリーグ・クラブ経営のハウツーものではありませんし，サッカー界やバスケットボール界における成功物語でもありません。スポーツの発展に貢献する最後の仕事として，人材育成を実践するために開講した「スポーツイノベーションアカデミー」の講義実録です。講義は 2021 年 1 月〜3 月に実施されており，現時点では少し状況が変化していることもありますが，どうぞご容赦ください。

大 河 正 明

CONTENTS

1

人事・組織ガバナンス

──────「ガバナンス」こそがスポーツ界発展のための最重要課題

1 スポーツ界の課題

　今回のアカデミーではさまざまなお話をしますが，みなさんの興味の有無が最も分かれるのが「ガバナンス」かもしれません。「マーケティング」のほうが聞いていて面白いのだと思いますが，私は組織ガバナンスの不全こそが，スポーツが産業として立ち遅れてきた大きな原因だと考えていますので，そこはしっかりお伝えする必要があると考えています。

　最初に，約30年間の銀行員経験をもとにスポーツ界に転じて感じた課題，次に実務的に（Jリーグ，B.LEAGUEで）それらとどう向き合い，どのように解決を目指してきたのかをお話したいと思います。

■銀行員から見たスポーツ界

　銀行員の視点でスポーツ界を見渡すと，いわゆる「ブラック企業」がまだまだ多いと言わざるを得ません。ここで取り上げる「スポーツ界の課題」について，私が直近まで在籍していたバスケットボール界を例に挙げながら，スポーツ界全般のこと，さらにはそもそも公益法人とは何なのかということを考えていきましょう。

　日本バスケットボール界のガバナンス問題，これはFIBA（国際バスケットボール連盟）による制裁がきっかけとなりました。その経緯とともにバスケットボー

ル界が考えたスポーツ団体の機能や役割，それを集約した組織とは？　といった話へ展開していきます。

　私は約 30 年間，銀行員として勤務しましたが，1995 年から 2 年間，銀行に在籍したまま J リーグ（日本プロサッカーリーグ）に出向しました。その当時，そして 2010 年に J リーグに転職した際，リーグや所属するクラブ，その他のスポーツ団体が（銀行員の私に）どのように見えていたのかというと，もちろんすべてがそうだとは言いませんが，「ブラック企業」。その理由として以下のようなことが挙げられます。

- ◆ 長時間労働，休暇取得困難
- ◆ 低い給与水準，不安定な雇用（非正規，有期契約社員）
- ◆ 退職金制度未整備
- ◆ 人材教育不足
- ◆ 人に紐づいている仕事，生産性の意識不足
- ◆ 組織ロイヤルティ不足

　今でこそ J1 のクラブなどで改善されてきましたが，もともと長時間労働で，休暇の取得が難しい。賃金水準が低く，いわゆる非正規や有期契約等の雇用関係が多い。ましてや退職金規程などはない。人材育成をする余裕がなく，仕事が個人に付いていて，生産性の意識が低い。業務をマニュアル化して，みんなで共有して効率化しようという意識があまりないといった感じでした。

■組織ロイヤルティとマネジメント力

　J リーグだと，職員はサッカーに対する愛情はすごく高いのですが，組織ロイヤルティ（愛着や帰属意識）は総じて低い。私が勤めた銀行というのは良くも悪くも組織の一体感があり，部下たちから意見が出るし，上司はその話を聞きつつ，最後はトップである部長や支店長が判断し決定します。でもスポーツ界では，職員が上司の指示を聞いているのかいないのかよくわからない，少し組

織ロイヤルティが足りない環境に思えます。もちろん，上司の指示に従うことだけが是という訳ではありませんが。

　もう一つ気になったのが「不祥事が多い」こと。スポーツ界は関わる人数のわりに不祥事が多い。それは組織ガバナンス力の無さ，ひと言で言うとそういうことです。また身内意識が強く縦社会です。

　例に挙げて申し訳ないのですが，日本相撲協会はご存じのように理事の多くが力士出身です。仲間内で通る理屈が優先しているように見えます。理事長の多くは，最高位の横綱を経験した人が就任しています。本来，現役時代の強い弱いは，組織マネジメント力とは関係がないにもかかわらず，そのような縦社会になっている。こういうところこそ，組織ガバナンスの欠如といえるものです。

　スポーツ団体にはいまだにセクシャルハラスメントやパワーハラスメントを含めた暴力行為が多く，理不尽の強要や暴言，威圧を是とする風潮が残っています。真の指導力が欠けている，そのように私の目には映っていました。

■ 不安定な経営と地位の低さ

　銀行員という立場からすると「不安定な経営」はどうにも気になって仕方がありませんでした。これは資金繰りの脆弱さや，財務・法務の知識不足に起因しています。プロ野球やJリーグの上位クラブはかなり改善されてきていますが，他のスポーツ団体では一般的にまだまだそのあたりの知見が足りない，要は現場至上主義のままなのです。現場（チーム）を強くするという意識が優先し，組織運営をしっかりと進めていくという意識が後回しになってしまい，自ら稼がず助成金や親会社頼みの受け身経営になりがちです。

　かつて，プロ野球でも撤退する球団がありました。パ・リーグ（パシフィック・リーグ）はスタートした当初の親会社がすべて撤退して入れ替わっています。セ・リーグ（セントラル・リーグ）には読売ジャイアンツや阪神タイガース，中日ドラゴンズなどプロ野球創成期から残っている球団が一部ありますが，現在の12球団のうち8球団ぐらいは経営が譲渡されており，やはりこれは経営

の不安定さに他なりません。

スポーツ界自体の地位の低さも課題だと考えています。優秀なアスリートが，オリンピックやその他世界レベルの大会でメダルを狙えるとしましょう。努力を重ねて日本代表選手となったアスリートであっても，野球やサッカーなどを除けば報酬が低く，手にする対価は見合っているのかどうか。東大を卒業して官僚になるよりも，その成功の確率は低くて狭き門，とても難易度の高い仕事をしているにもかかわらず，報酬が低いままのアスリートが多くいます。

さらには，スポーツが得意だというと，勉強もしないでスポーツばかりに打ち込んでいると見られがちで，スポーツは儲かることのない「コストセンター」（利益を生まず経費がかかる部署・部門）と受け取られることが多い。また，アマチュアリズムという考えがあり，いわば仕事であっても無償であるべきというボランティアの概念がとても根強いとも感じていました。

■Jリーグで着手したこと，経営基盤の整備

そうした経験を受けて，2010年にJリーグへ転職した時にどういうことを考え，着手したのか。第一は経営基盤の整備です。正直に言いますと，10数年前のJリーグでは，親会社がしっかり面倒を見ている場合は資金繰りや組織運営についてほとんど心配はありませんでした。ところが，当時の東京ヴェルディや大分トリニータといったクラブは破綻寸前で，同じように日々のキャッシュフローに追われているクラブが複数存在する状態でした。

キャッシュフローに追われている状況ではきちんとしたクラブ経営はできませんから，当時AFC（アジアサッカー連盟）より導入を要請されていた『クラブライセンス制度』を活用し，経営基盤の確立を進めたのです。

クラブの代表権を持っている人が非常勤というケースが多々あったので，代表者の常勤化を要請し，それに則した規約改正を行いました。これはB.LEAGUEも同様で「代表権を持っている人は常勤になってください」という申し合わせをしています。代表者が非常勤では，実行委員会（クラブ代表の会議）

に決定権を有する責任者が不在となるケースがあり，そこは是正しなければなりません。

■人材育成事業

　次はクラブ予算の管理強化です。2011 年 4 月，サガン鳥栖というクラブを訪ねました。というのも，（元銀行員ですから）どうも鳥栖の資金繰りが危ないようだと察知したからです。4 月の中旬だったと思いますが，最初に社長に資金繰りについてお尋ねしました。「大丈夫です」という返答があり，その他いくつかの確認を終えた後，別室に移動して担当者レベルのスタッフと打ち合わせをしようとしたところ，経理の職員が走り寄って来ました。「先ほど社長が『大丈夫です』と話すのを聞きましたが，実は今月の給与の支払いができません」と言うのです。その事実を確認した後，メインの株主から指示が出て社長が交代することとなりました。

　このケースでは，チーム強化のために先に資金を使ってしまい，クラブ運営経費などの不足分については，「入場料収入はこれぐらいあります」「スポンサー収入はこれぐらい見込めます」という不確実な収入計画で埋め合わせようとしていた……ところが蓋を開けてみるとそれでは足りない。では足りない分をどうするかというと，増資で補うというのです。本来であれば固定負債や自己資本というものは長期の投資に向けなければなりませんが，日々の運転資金に回してしまったという事例です。こうした事例が他のクラブでもたびたび発生したこともあり，サッカー界全体で『クラブライセンス制度』を採り入れようという機運が高まりました。

　また，J リーグでは人材育成事業を立ち上げました。2014 年から 2015 年ですが，『J リーグヒューマンキャピタル（JHC，現 Sports Human Capital：SHC）』の名称で立命館大学と共同でスタートします。当時，立命館大学の方から「一緒にやっていきたい」という申し出をいただき，経営人材養成の第一歩を始めることとなりました。

■B.LEAGUE で着手したこと，発想の転換

　次に B.LEAGUE で着手したことですが，私自身は 2015 年からバスケットボール界の仕事に関わり始めます。最初に皆と考えたことは，「マーケティングの強化」と「発想の転換」です。

　おそらくどのクラブもそうですが，チーム強化に投資する理由の一つは，下部リーグに降格したくないからです。もう一つの理由は，「チームが強くなればお客さまが増える」という強い固定観念があるからです。

　チーム強化に資金をつぎ込めば収益が上がるというのは，勝てばお客さまが増えるからという考えを拠り所にしています。そうであれば，負ければ減ることになります。リーグの視点で見ると「リーグ全体での集客に増減はない」ということになってしまいます。

　そこで，まずは「チーム強化」というアプローチではなく，コンテンツの価値を最大限に引き出す「マーケティング強化」をやりましょうと。そこにはデジタルマーケティングの推進，顧客の統合データベースの活用などが含まれているのです。

　顧客情報をデータベース化する，データベースマーケティングをする。そしてデジタルを活用したマーケティングを実践する。それによってコンテンツ価値を高めていこうというアプローチです。コンテンツを高く売ることにより，マーケティングとガバナンスの強化を図り収益を増やす。収益が増えた分をチームの投資に活用していくという「発想の転換」が必要です。勝てば集客増，負ければ集客減というところから脱却しようと考えたのです。

　以前，B.LEAGUE のクラブのトップの方が J リーグのクラブを訪れた際，「みんなは『勝てばお客さまが増える』というのだけれど，私どもはホームゲームで一度も勝ったことがないのにお客さまが増えた」と自慢 (⁉) されていました。かつては阪神タイガースもそうで，「負けたほうがお客さまは入る」と言われたことがあります。

　勝ったから，負けたから……そういう発想を転換し，チームの魅力度と合わ

せて，もっとデジタルを取り入れる発想でマーケティングを強化し，同時にガバナンスを強化していくことが必須となります。

■プロ経営者

　ガバナンス不足についてですが，「ガバナンスが不足しています」というのはあくまで結果でしかありません。本当は経営人材がいないからガバナンス不足となるわけで，なぜガバナンスが強化されないのかということをもっとよく考えなければなりません。

　2002 年に川淵三郎さんが JFA（公益財団法人日本サッカー協会）会長になりました。J リーグが発足した頃の JFA の事業規模は 10 億円ちょっとくらいですが，今では約 20 倍に増えています。川淵さん以前の JFA 会長は事業規模が拡大しつつあった時の会長ですが，実はボランティア（無償）でした。

　ボランティアを美徳とする慣習を否定するものではありませんが，「無報酬ほど責任のないものはない」というのが川淵さんの持論です。ですから，どんなに苦しくてもトップ（＝社長やリーグ理事長，協会会長）は報酬をもらう。それだけの責任と覚悟を持たなければダメだということでしょう。

　今や J リーグには大きな収益を上げているビッグクラブもあれば，それほど規模が大きくないクラブもあります。規模が小さいクラブが工夫を凝らしてチームを強くしたり，多岐にわたる事業を展開したりするなど成功を収めたならば，そのクラブを率いたトップはビッグクラブから高額な報酬で誘われる，それぐらいの"プロ経営者"が欲しいと，当時から思っていました。

　よく言われることですが，選手や審判，指導者がプロになったスポーツ界では，クラブのフロントスタッフも移籍しています。マーケティング担当者や広報担当者が他業界から転職する，別のクラブに移籍して同じ業務をこなすなどの事例は多々ありますが，滅多にないと思われるのが社長の移籍です。一般企業では小売業界から大手飲料メーカーへ，製薬医療機器業界から食品メーカーへ，など幅広い分野からオファーを受ける社長がいます。スポーツ界も同様

に，複数のクラブからオファーを受け，移籍先のクラブをビッグクラブへ成長させる。それに見合った報酬でオファーされるようになることが重要だと考えています。

　ただ現状は，プロ野球は（財力的には可能でも）そのような状況から遠いように思われます。それぞれ球団の独立性が高いからかもしれません。（プロ野球は）影響力があるだけに，そのあたりが変わらないことが，日本のスポーツ界の弱みになっているのだと思っています。

2 FIBA による制裁

　ここから少しテーマを変えて，日本のバスケットボール界で起こった事象をお話していきます。

　その前段として「理事会と評議員会の関係」を説明しておかなければなりません。財団法人における評議員会というのは，株式会社でいうところの株主総会のような位置づけで，最終的な最高意思決定機関です。株式会社の取締役会にあたる理事会を構成する理事が，組織運営を適切に行っているかどうかを監督するとともに，役員（理事・監事）の選任・解任，決算承認，定款変更，合併や事業譲渡といった重要事項を決定するのが評議員会です。

　日本の多くのスポーツには中央団体としての日本協会「NF」（National Federation：JFA や JBA など）があり，各都道府県にもそれぞれの地方協会（大阪府サッカー協会や京都府バスケットボール協会など）があります。日本協会の評議員は地方協会の代表が選ばれるケースが多く，地方が中央を監視し，また地方から選ばれた理事が業務執行をする仕組みになっています。

■バスケットボール界の混迷

　では，そのような中でバスケットボール界ではどのようなことが起きたのかというと，2000 年を過ぎた頃から「理事会」と「並立する男子の二つのトッ

プリーグ」問題が生じ，混迷を深めます。

　具体的な出来事として，2006年に日本で開催された世界選手権（現ワールドカップ）の問題があります。余談ですが，2002年の日韓共催のサッカーワールドカップは，ある年齢以上の方はどなたでもご存じだと思いますが，この2006年の男子バスケットボール世界選手権をご存じの方は国民の1％か2％ぐらいかもしれません。それほど国内での知名度が低い世界選手権でした。

　この開催決定自体は喜ばしいことでしたが，2005年6月，「本大会を1年後に控えて大会運営に伴う財政難の指摘」という問題が持ち上がったのです。これには参加国数が急に増えたという事情などがあり，ベニュー（試合会場）コストや大会運営コストがかさんだという要因があるものの，結局は収支管理が適切に行われていなかったのです。

　2002年のサッカーワールドカップでは，円安という神風が吹いたとは言われていますが，大きな収益をあげ，JFAハウスを約60億円で購入できるほどの成功を収めました。また2019年にはラグビーワールドカップが日本で開催されましたが，こちらも日本ラグビーフットボール協会は68億円の黒字を計上しています。

　バスケットボールの場合は，2006年の世界選手権開催による大会運営で約13億円の赤字を計上することとなりましたが，これは当時のJBA（公益財団法人日本バスケットボール協会）の年間予算を上回るほどの金額。そのためJBA執行部の責任問題が浮上し，赤字の半分を都道府県協会が補填するという補正予算を評議員会に提出しました。前述の通り評議員会は地方の代表者が多くを占めていますから，当然否決されます。そこで執行部がどう対応したのかというと，定款の定める上限まで，有識者カテゴリーの評議員を増やして，評議員会の開催を目指したのです。

　ところが反対派の評議員は出席せず，評議員会は流会続き。反対派と言われる評議員の中にはJBA幹部を背任容疑で刑事告訴しようと動くなど，泥沼化していきました。そのような状況ではスポンサーも撤退しますし，さらには

JOC（公益財団法人日本オリンピック委員会）が乗り出しJBAに事情説明を求めたうえで，正常化の確約を取り付けるという事態に至ったのです。

■JOCの資格停止処分

　そうした中，JBA会長が病気療養のため（その後逝去），代行を務めた副会長も体調不良により辞任。その次の代行を務めた副会長は相次ぐ評議員会流会により引責辞任するなど混迷を深めていきました。その結果，2007年度より，JOCからの強化交付金（主に代表チームの強化に充てられる）の中止，JOC主導のJBA役員人事選考という事態を招くことになったのです。さらに，JOCの意向を無視する形でJBAが会長を決定したため，JOCが追加で無期限の加盟資格停止処分を下します。

　これらの事態を重く受け止めたFIBAは，JBAがFIBAへの加盟資格があるのかどうかを問題視し，また日本体育協会（現在の日本スポーツ協会：JSPO）からもJBAに厳重注意処分が下されました。JBAは上部組織に当たるFIBA，JOC，JSPOという三団体から強いお叱りを受け，厳しい取り扱いを受けることに。結局，評議員会は8回の流会を経て，現執行部の総退陣を求める動きを起こしました。

　最終的にどう対応したのかいうと，JOC主導の下，評議員会が麻生太郎氏を次期JBA会長候補として推薦し，会長人事を解決します。反対派勢力は動きを止めませんでしたが，2008年8月正式に麻生会長が決定し，副会長，専務理事の人事が一新されて，JOCの資格停止処分の解除にメドが立ちました。同年9月，2007年の決算が評議員会において承認され，JOCの資格停止処分は解除されました。

　このように理事会の混迷は終息に向かいましたが，もう一つの混迷が「男子トップリーグの並存」です。男子のトップリーグはどうなっていたのでしょうか。

■二つのトップリーグ

1964 年に東京オリンピックが開催されました。その後，東京オリンピックのレガシーとして，さまざまな競技が「実業団リーグ」を開始していきます。サッカーやバレーボール，バスケットボールもそうです。1967 年にバスケットボールの日本リーグがスタートしました。その後，1995 年に日本バスケットボール機構（JBL）に形を変えます。何が変ったのかというと，1993 年にスタートしたJリーグを倣った改革というところです。

サッカーは 1993 年にJリーグが始まり，『ドーハの悲劇』（1994 年にカタール・ドーハで行われたアメリカワールドカップ・アジア地区予選の最終戦，ロスタイムで同点とされ，ワールドカップ初出場を逃した）がありましたが，1998 年にフランスで開催されたワールドカップに初出場を果たします。Jリーグブームが巻き起こり，バレーボールもバスケットボールもサッカーのように，と考えたのです。

ただし，当時のバスケットボール界に川淵さん（Jリーグ初代チェアマン）のような傑物はいません。確固たる信念で物事を推し進めていくリーダーが不在で，長年にわたり，企業チームで構成するアマチュアのトップリーグでしかなかった。名前こそ変わりましたが，本当の意味でのプロ化はできなかったということです。

ところが，90 年代になると社員選手主体の中に「プロ契約選手」が誕生します。社員として雇用されて活動していたスタイルから，業務委託のような形でバスケットボール選手としての仕事を請け負う。そういうプロ選手が誕生したことで，男子トップリーグのプロ化を要望する声が高まっていきました。

その一方で，日本初のプロバスケットボールクラブ，新潟アルビレックスが誕生します（Jリーグのアルビレックス新潟と同じ系列ながら別法人）。それに続いたのが埼玉ブロンコスです。その後も同様のクラブが出現しますが，リーグのプロ化は遅々として進まず，業を煮やしたこれらのクラブが JBL から独立，プロバスケットボールリーグの設立に打って出ました。

多くの競技に共通していますが，試合の運営実務は都道府県協会に委託され

ています。そうすると，チケット収入や諸々の経費は開催を担当する都道府県協会の収支の中で完結してしまう。極端に言えば，試合をしているプロチームでもチケット収入の取り扱いがままならない状況で，クラブ経営としては致命傷になりかねません。

　そのような状況が続くのであれば，新潟や埼玉は独立したいと考えるのは当然でしょう。この2クラブに加えて仙台89ERS，東京アパッチ，大阪エヴェッサ，大分ヒートデビルズの6クラブ（『オリジナル6』と呼ばれている）が，JBAも含めJBLから脱退して，2005年に日本プロバスケットボールリーグを設立，bjリーグがスタートしました。

　当時，JBAはbjリーグに審判員の派遣を行わなかったり，都道府県協会に試合開催の協力をしないよう通達したりという圧力をかけます。前述の通り，JBAの理事会，評議員会が揉めている中，トップリーグを巡ってはこのようなことが起こっていたのです。

　2007年にJBAがJBLを設立した背景には，選手だけではなくリーグそのものもプロ化をしようという試みがあったわけですが，なかなか上手くいかず，結局プロ・アマ混合のJBLで新たにスタートしたということです。

■ リーグ統合の失敗

　その後，2010年にJBAがbjリーグを公認団体として認定します。私はこの頃に銀行を退職してJリーグに転職したのですが，バスケットボール界で何かが起こっているなという程度の認識でした。

　bjリーグはどんどん参加クラブを増やしていき，JBAも無視はできない存在となっていきます。そこで，2013年までに両リーグを統合し新リーグの開幕を目指すとした「次世代型トップリーグの創設に関する覚書」を，JBA，JBL，bjリーグの三者で調印する運びとなります。ところが，なかなか前には進みません。

　企業チームとプロクラブの混合リーグ案だったために，bjリーグのクラブ

は事業性が担保できないと難色を示しました。プロクラブからは，アマチュアクラブと試合をしても興行面や採算性で魅力を見出だせないというのがその理由です。さらには，bj リーグが J リーグの良い面を積極的に採り入れようとしていて，地域密着（名称は企業名を外し，地域名にする）を前面に押し出しました。そうなると企業チーム側から「それは困る」となります。

ところが，bj リーグよりも企業がバックアップしている JBL のほうに資金力があり，運営の安定性が確保されている。選手の報酬も JBL のほうが高額で，日本代表はほぼ JBL 所属の選手から選ばれる。プロよりもアマチュアチームのほうが財政的に安定していて，日本代表に選ばれるのもほぼ JBL の選手のみ，という奇妙な現象が暫く続くことになりました。

2013 年に新たな動きがありました。JBA の主導により新たにナショナル・バスケットボール・リーグ（NBL）が開幕します。名称は再び変わりましたが内容的には変化が乏しく，相変わらずプロ・アマ混在のトップリーグ。やはり企業チームがプロ化に難色を示した結果でした。

その際，bj リーグ所属から唯一 NBL に参加表明したのが千葉ジェッツです。当時は相当バッシングがあったように聞いていますが，トップリーグの混迷期は続きます。

そして 2014 年 2 月，JBA の理事会において「2016-17 シーズンから 1 リーグ統合の新リーグをめざす」ことが決議されました。これがのちの B.LEAGUE に繋がります。ところが，決議はされましたがその先に進みません。企業名を外すか外さないか，bj リーグが抱える大きな赤字はどうするのか。bj リーグは約 15 億円の繰越欠損を抱えていたため，そのような団体との統合はありえないという NBL 側の反発がありました。

同年 7 月「プロリーグ推進会議」の発足が決定し 9 月から協議が行われますが，「企業名を排除することは好ましくない」とする NBL が難色を示したまま，話し合いは平行線。事実上，統合合意が不可能となり，FIBA が回答期限としていた 2014 年 10 月までに統合に向けた具体案を回答できないという事態

に至ります。

■JAPAN 2024 TASK FORCE

　さて，「FIBA が回答期限」を設定した要求とは何だったのでしょうか。これは 2013 年 12 月に FIBA が JBA に通達した以下の 3 点です。

- ◆ JBA のガバナンスの確立
- ◆ 男子トップリーグ並存状態の解消
- ◆ 男子日本代表チームの強化

　これには，2013 年 9 月に『2020 年東京オリンピック開催』が決定したことが影響しています。FIBA としては，オリンピックを開催する日本のトップリーグが二つに分かれている状況では開催国枠を与えるわけにはいかないという考えの下，これを機にトップリーグの並存状態をきちんと解消しなさい。そして，それをしっかり指導できるよう JBA のガバナンスを確立しなさい。さらに言えば，2006 年に世界選手権を開催したにもかかわらず，その後男子日本代表の強化は進んでいないし，アジアでも勝てなくなっているという 3 点の改善要求でした。

　FIBA はパトリック・バウマン事務総長を日本に派遣するなど事態の収拾をサポートしながら，2014 年 10 月末を回答期限に設定したのですが，結局は制裁（11 月 26 日発動）を発動することになります。リオデジャネイロオリンピック予選やユニバーシアード，U20・U17 の世界選手権などを含め，女子もアンダーカテゴリーも含めてすべての国際大会に日本は出場できないという，極めて重い制裁だったのです。

　2015 年になるといよいよ「JBA は機能不全に陥っている」と判断されて，FIBA が「JAPAN 2024 TASK FORCE」を設立します。この「2024」というのは，東京の次のパリで開催するオリンピックに自力で出場権を獲得できるように，そしてワールドカップの出場常連国になれるようにという意味が込めら

れたものでした。

　このタスクフォースに川淵さんが先頭に立って携わることとなり，2015 年 4 月 1 日に新しいトップリーグの運営法人として「ジャパン・プロフェショナル・バスケットボールリーグ（JPBL）」，いわゆる B.LEAGUE が設立されます。ここに一つミソがあるのですが，合併においては双方とも譲れない事情があり，喧々諤々……ならば合併ではなく，これまでとは違う JPBL という組織を創設するので，そこへ参加したいというクラブを募ろうということになりました。合併ではなく新設というやり方にしたところ，NBL，bj リーグのほぼ全クラブが参加を表明しました。

　そうなると，クラブは所属する現リーグを脱退することになりますから，1 年前にその旨を表明し，手続きに入らなければなりません。なぜ 1 年前かというと，表明してすぐ脱退となると，そのシーズンの試合が実施できなくなるからです。カーディングに合わせて前年から試合会場を予約しますから，試合予定のあるシーズンが終わるまでは参加を継続し，翌年に向けた準備に支障がないように早めに「新リーグに参加します」と意思表示をする形を取ったのです。

■FIBA の制裁解除

　JBA の理事会はというと，FIBA から制裁を受けた事実を重く受け止め，全員が責任を取る形で全理事 25 人の辞任が決まりました。これは 2015 年 4 月 8 日のことですが，FIBA タスクフォースとしては，この日が JBA ガバナンス改革における勝負どころ，分岐点になったと思います。

　そして，2015 年 5 月 13 日，JBA の新理事 6 名，新監事 2 名の計 8 名が決定します。25 名だった理事を 6 名にして再スタートを切る。これら一連の改革を受け，FIBA が制裁を事実上解除し，国際大会への参加を認めたのが 2015 年 6 月 19 日でした。FIBA の本拠地があるスイスには私も赴きましたが，その時点で FIBA から「もうメディアにリリースしてもいいよ」と許諾を受けましたので，東京にいる川淵さんに急いで電話をして「事実上解除になりまし

た」と伝えたのを今もよく覚えています。最終的には 8 月 9 日に FIBA がセントラルボード（主要な役員による会議）を開催し，日本の資格停止処分解除を正式に決定しました。

3 JBA ガバナンスの再構築

　もう一度，JBA のガバナンスの再構築に触れておきたいと思います。理事全員の退任と人数を大幅に減らした（25 名→ 6 名）ことで，迅速な意思決定が行えるよう改革しました。どのスポーツ団体にも概ね当てはまりますが，だいたい理事は 20 数名います。6 名が適切かどうかわかりませんが，多くなればなるほど真摯な議論は難しくなると言わざるを得ません。そこで人数を大幅に減らし，顔ぶれを一新しました。

　また，バスケットボール関係者を含まない人選により，過去との関係を遮断しました。新生 JBA 役員のメンバーは，会長が川淵さん，副会長は女性オリンピアンから体操競技の小野清子さんとバレーボールの三屋裕子さん，専務理事が私，大学教授の間野義之先生と JX（現 ENEOS）役員の山本一郎さんが有識者理事，弁護士の境田正樹先生と税理士の須永功先生が監事，という布陣です。

　法務・会計税務のプロが監事に入り，学識経験者や会社経営者，他のスポーツ界出身のメンバーで構成した理事会には相当な反発がありました。バスケットボール関係者がいない JBA 理事会などあり得ない……私は中学高校時代にバスケットボール部所属でしたが，当時はサッカーの人と見られて「サッカー人脈ばかりだ」などと批判されたこともしばしば。

　しかし，それが良かったのだと思います。早速，理事会規程を作成し，理事会で決める事項は何か，理事会にはどういう権限がありどういう責任を伴うのかという議論をしっかりと行うことができたと思います。

■経営と執行の分離, 役員関連規程の制定

　JBA の組織図（図1-1）を見ていただくと事務総長という役職に気づくと思います。事務局長ではなく事務総長。実は「経営と執行」をきちんと分離するというのが海外のスポーツ団体のスタンダードです。日本では専理理事が事務方トップのポジションとしてよく置かれるポストですが，理事の任期は法律で最長2年と定められ，2年ごとに改選が必要となります。海外ではそのような不安定さを嫌がる傾向が強く，事務総長の任期は2年ではなくもっと長期でも良いとの考え方です。

　また，理事はいつ解任されるかわからないポストです。そんな中，事務の要が解任されたり不在になったりしないよう，経営と執行の分離を徹底しようという試みと言えるでしょう。

　評議員は地方の代表が多いとお話しましたが，JBA ガバナンスの改革では，男女トップリーグ（B.LEAGUE から19名，女子の W リーグから5名）や社会人・大学・高校など各連盟の代表者を新たに登用しています。

　役員に関する事項としては，以下のような規程を制定しました。

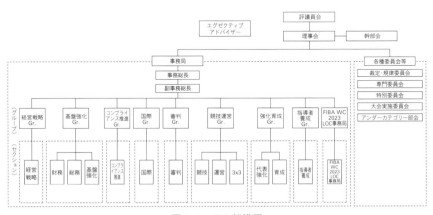

図 1-1　JBA 組織図

出典：JBA の HP をもとに作成

- ◆役員候補者の選考に関する規程
- ◆役員の任期および年齢に関する制限
- ◆役員報酬に関する規程
- ◆役員候補者選考委員会
- ◆役員報酬検討委員会

　少し話が逸れますが，2019年6月にスポーツ庁が『スポーツ団体ガバナンスコード』を制定しました（詳細はあとで触れます）。ようやくガバナンス強化に着手し始めたところです。それに先んじて，バスケットボール界は2015年から独自にガバナンス強化に努めました。さらにもっと以前から実質的にガバナンスコードを採り入れていたのがサッカー界でした。

　ところで，プロ野球は球団ごとに独立していますから，プロ野球機構（NPB）がリーグの運営をしているわけではありませんし，そもそもプロとアマを束ねる野球協会という組織がありません。他にも野球は特別で，高校野球部は高体連に加盟せず高野連。ちなみに，プロ野球は読売新聞，高校野球は朝日・毎日新聞の関わりが大きいですから，そう簡単にプロとアマが交わることはない，と皆さんが感じてしまうのでしょう。

　競技団体のガバナンス体制を確立したのはサッカー界が一番目で，バスケットボール界が二番目の2015年。今般のスポーツ団体ガバナンスコード導入により，ようやく各競技団体のガバナンス体制の確立を試みようとしています。

■JBA ガバナンスの再構築，中期経営計画

　JBA ガバナンスの再構築ですが，続けて「規程の整備」「都道府県協会」について考えていきましょう。まず，定款はJBA にとっての憲法のようなもので，それに付随する基本規程，諸規程の整備が求められます。実際に業務執行する際のベースとなるのが基本規程で，さらに細則としての諸規程・諸規則があります。

　また，JBA と男女トップリーグ間でそれぞれ協定書を締結しました。内容は「男女トップリーグは JBA の傘下団体であり，さまざまなことがらにおいて JBA と意思疎通をしながら決めて行く」という協定を取り交わしたのです。かつて bj リーグが JBA から脱退した経験に基づき，将来同様のことが発生しないよう防止の意味があります。

　国内の公式試合や都道府県を跨ぐ大会の主催権はすべて JBA が保有しています。サッカー界では以前から当然のことです。だから J リーグの試合の主催者は J リーグだけではありません。日本サッカー協会と日本プロサッカーリーグ（J リーグ）が主催者となります。そのうえで，試合の主管，いわゆる収支のところを各クラブに主管権として譲渡しているのです。B.LEAGUE になって，リーグの試合主管がやっとそういう形（都道府県→クラブ）になりました。

　規程・規則を整備するとともに，都道府県協会の法人化も進めました。やはりお金の流れは透明化しなければなりません。JBA は都道府県協会に各種公益事業の推進として交付金を渡しますが，協会が法人化されていないと個人の口座に振り込まれます。そこからまた審判委員会や指導者委員会など，さらに個人の口座へお金が流れてしまい，いったいどこにどれだけのお金が動いたのか把握が難しくなります。それを防ぐための法人化であり，お金の流れの透明化を促進しました。

　それとともに取り組んだのが中期経営計画の策定です。JBA 設立 100 周年となる 2030 年に向け，2016 年 4 月に，日本のバスケットボール

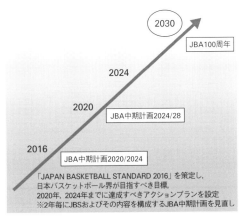

図1-2 「JAPAN BASKETBALL STANDARD 2016」ロードマップ

出典：JBA の HP をもとに作成

界が一つのチームとなって目指していくべき指針として『JAPAN BASKET-BALL STANDARD 2016』を公表し，三つのビジョンを掲げることとしました。現在，JBA はその中期計画の下で歩みを続けているのです（図1-2，1-3）。

- ◆ 理念：バスケットボールで日本を元気にします
- ◆ スローガン：Break the Border ～超えて未来へ～
- ◆ ビジョン：「強く（＝強化）」「広く（＝裾野を広げる普及）」「社会のために（＝社会貢献）」

ビジョン	2030 年までの達成目標
強く ■競技を強くする ■組織を強くする ■事業を強くする	【強化育成】 ■ NBA/WNBA 選手を常時輩出する ■男女日本代表：オリンピックでメダルを獲得する ■ 3 x 3 男女日本代表：世界選手権でメダルを獲得する 【組織】 ■組織力・運営力を強化し、世界選手権大会の日本開催実績を含め、日本スポーツ界で名実共にトップ 3、世界バスケットボール界でトップ 10 の団体になる 【事業】 ■バスケットボール産業規模を 500 億円にする ■ JBA の事業規模を 100 億円にする ■情報システムインフラを構築する
広く ■仲間を広げる ■楽しさを広げる ■支援の輪を広げる	【普及】 ■バスケットボールファミリーを 200 万人にする ■これらを実現するための環境（施設・運営）を整備する
社会のために ■スポーツ文化／アリーナ文化の振興に寄与する ■バスケットボール／スポーツを通じて地域社会に貢献する ■バスケットボール／スポーツを通じて国際理解の促進に寄与する	【社会貢献】 ■アリーナ文化の象徴となるナショナルバスケットボールアリーナの実現 ■地域社会におけるコミュニティの創出支援 ■国際人材の輩出

図 1-3 「JAPAN BASKETBALL STANDARD 2016」ビジョンの達成目標
出典：JBA の HP をもとに作成

4 スポーツ団体の不祥事とガバナンスコード

　スポーツ団体の不祥事を考える際に思い出していただきたいのが企業の不祥事です。内容はさまざまですが，それらが起こる要因には共通点があるのです。

　なぜ不祥事が起こるのか……それは，「トップの資質不足や長期政権」，「内部統制の未熟さ」。今は当たり前のこととなっていますが，「外部の目（グローバルスタンダード）がない」ということもあるでしょうし，他にも「利益至上主義」「意思決定プロセスの不全」「年功序列」「ステークホルダー軽視」等々さまざまな要因が挙げられます。

　一方スポーツ界を見ても，暴言・暴力，差別やドーピングにかかわるインテグリティ系と，組織運営の不正やガバナンス事案などのコンプライアンス系不祥事が多々発生しています。スポーツ団体の数と企業の数には圧倒的な差がありますが，企業に負けないぐらい不祥事が起きています。不祥事が起きると，起こしたチームでもそうですが，統括する協会や所属するリーグなどでも業務がストップするくらいに大きな問題となります。

　私は今，びわこ成蹊スポーツ大学の関係者ですので，大学で不祥事が起きたらどう対応しようかと常に考えます。学生や職員に「（不祥事を）起こさないように」といくら注意したとしても，どうしようもなく起きてしまうことがありますから。

　このテーマから少し離れますが「連帯責任」について考えることがあります。例えば高校野球で部員の誰かが喫煙をしたとなれば，その学校は「大会を辞退します」となります。本当にそれで良いのでしょうか。プロ野球ではそうはいきませんし，できません。選手の一人が事件を起こしたとしても，チームがシーズンを辞退します，というわけにはいかないのです。

　アマチュアであれば連帯責任とせざるを得ないのだろうかと，私自身まだ整理できていないのですが，とても気にしています。

B.LEAGUEチェアマンを辞してからツイッターを始めました。この「連帯責任」について一瞬つぶやきそうになりましたが，万が一大学で不祥事が起きたらどう対応すべきか……と思いながら踏み止まりました。でもやはり気になります。

■「タコツボ化」で硬直する組織

不祥事に関しては，スポーツ団体も企業とほぼ同じ要因から発生します。統治団体の機能不全といえばJBAの例が挙げられますし，長期政権はボクシング協会で問題となりました。よく見受けられるのが競技ごとの縦割り社会と学閥主義です。かつてのJBAも例外ではありませんでした。

スポーツ界における勝利至上主義はインテグリティ問題に繋がりますが，過去の栄光至上主義と密接にかかわっているように思います。格闘技系にその傾向が強いように感じています。実力は誰もが認めるアスリートだったとしても，組織運営のマネジメント力の有無はわかりません。成功体験からの未脱却，閉鎖的体質，縦割り社会というような，競技ごとの問題に切り込まなければなりません。

かつて私自身がJBAのガバナンス再構築に携わった時に「バスケットボール界の人が誰もいない，サッカーやバレーボールの人がやっている」と，とても煙たがられたことがあります。

何が言いたいかと言うと，スポーツ界は競技ごとにタコツボ化していて，他競技または他業界出身者を起用すること，とりわけトップとして迎え入れることには，基本的にネガティブだということです。他競技・他業界の良いところを積極的に取り入れる姿勢は，ガバナンス強化の観点からは大切なことだと考えています。

■スポーツ庁発の「ガバナンスコード」

結局，不祥事はスポーツ団体も企業も起きる要因は同じなのだと思います。

2019年6月に，スポーツ庁がスポーツ団体のガバナンスコードを制定しましたが，これはスポーツ界の相次ぐ不祥事を受けてのことです。スポーツ庁や文部科学省が，直接スポーツ団体に対して指導に入るということを意味しており，各スポーツ団体に組織運営を任せていたらいつまで経っても不祥事が無くならないことに業を煮やしてのことなのです。

　それでも，「スポーツはスポーツの中でガバナンスをしっかり組み立てられるように」という思いが強く，コーポレートガバナンスコードに準じた『スポーツ団体ガバナンスコード』を策定することとなりました。例えば，長期政権を解決するために，理事を10年経験したら退いてください，ある程度務めたらリタイアですよ，という基準を決めたわけです。「女性理事の割合は40％を目指そう」とか「外部有識者理事の割合は25％を目指そう」という内容も盛り込まれました。競技団体によっては独自に「70歳定年制」を設けている例もあります。

　バスケットボール界は，2019年度中にJBAがこのガバナンスコードを採り入れた規程に変更しました。もともとベースができていたこともあり，さほど変更する部分はありませんでした。

　一方，JOCの理事会に出て驚いたことがあります。いろいろな競技団体の方がJOCの理事を務めていますが，「これ（ガバナンスコードについて）は今やらなければならないのですか，もっと慎重に議論してから……」と言う理事がいるのです。2019年にガバナンスコードが制定され，新型コロナ感染のパニックが少し落ち着いた2020年9月になり，ようやく議論がはじまりました。本来JOCが率先垂範すべきだし，多くの競技団体を加盟させて管理監督する立場にもかかわらず，その程度の認識です。もしできないのなら，JFAに監督してもらったほうが良いのでは，そう思うほどでした。

　山下泰裕JOC会長が，「自分たちではガバナンスを任せられないというところまで追いつめられてこのコードが制定されたのだから，JOCが範を示すべきだ」と押し切りました。

■自己説明と公表義務

『スポーツ団体ガバナンスコード』は「原則 13」から成っています。各日本協会（NF）は，4 年毎の適合性審査と，毎年の適合状況について年 1 回の自己説明および公表義務があり，それらを踏まえてスタートしなければなりません。

スポーツ団体ガバナンスコード〈中央競技団体向け〉

原則 1：組織運営に関する基本計画を策定し公表すべきである

原則 2：適切な組織運営を確保するための役員等の体制を整備すべきである

原則 3：組織運営等に必要な規程を整備すべきである

原則 4：コンプライアンス委員会を設置すべきである

原則 5：コンプライアンス強化のための教育を実施すべきである

原則 6：法務，会計等の体制を構築すべきである

原則 7：適切な情報開示を行うべきである

原則 8：利益相反を適切に管理すべきである

原則 9：通報制度を構築すべきである

原則 10：懲罰制度を構築すべきである

原則 11：選手，指導者等との間の紛争の迅速かつ適正な解決に取り組むべきである

原則 12：危機管理及び不祥事対応体制を構築すべきである

原則 13：地方組織等に対するガバナンスの確保，コンプライアンスの強化等に係る指導，助言及び支援を行うべきである

JSPO，JOC，JPSA（公益財団法人日本パラスポーツ協会）が，ガバナンスコードの適合性審査委員会を構成します（図1-4）。

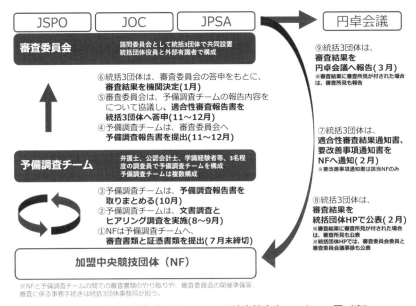

図 1-4　スポーツ団体ガバナンスコード適合性審査　スキーム図（案）
出典：スポーツ庁 HP より

　原則一つ一つを説明しませんが，「原則2：適切な組織運営を確保するための役員等の体制を整備すべきである」がキーと考えます。

　「原則2」の説明ですが，これは多様性，実効性，新陳代謝という3点が大事なところです。多様性というのは，外部理事と女性理事の目標割合として，それぞれ25％，40％が設定されています。仮に，JOC が女性理事40％という目標を決めたとします。すると，「どのように40％にするのか，その手続きを決めなければならないのではないか」という，至極まっとうに聞こえるような議論が JOC の理事会でもありました。

　いったん目標を設定すれば，それを果たせなかった時に理由を説明しなければならないという点でとても大きな意味を持ちます。説明責任がなければいつまで経っても40％に到達しません。40％はなかなか高いハードルです。なぜ

ならば，多くの日本協会（NF）において，理事のそれなりの数が各都道府県協会から選出されているからです。それはリーグの理事も同じで，クラブ代表の理事の割合が1/3ぐらいを占めています。そうすると，そもそも都道府県協会やクラブ，さらにはNFに女性のトップが出て来なければ，どうしても上位団体の理事会の構成は男性中心となってしまうのです。

無理やり有識者枠をすべて女性にしても25％，少し増えたとしても30％程度でしょう。現在JBAの会長は三屋さんですが，JBAでもまだまだ40％というのは難しいのが現状ではないでしょうか。ある意味，スポーツ界がお手本にした『コーポレートガバナンスコード』よりも高い割合かもしれません。外部理事も同じです。

これは私の持論ですが，日本相撲協会現理事長の北勝海さんはどちらかというとサッカーでいうところの技術委員長か強化委員長。もし，日本相撲協会にビジネスマインドのある理事長が就任すれば，大相撲の売り上げは3倍ぐらいになるかもしれないと思っています。そういう（外部人材のトップ登用）発想があるかどうか，そこが難しいのです。

リーグとNFはやや違いがあるかもしれませんが，日本相撲協会はリーグと同じくプロ興行を行っていますから，そんなことを考えたりしています。

また実効性のところでは，理事会を適正な規模にして実効性の確保を図るという項目があります。もし30人も理事がいたら，本当にスムーズな議論はできるでしょうか。新陳代謝を図ることも重要で，理事の再任回数の上限を設けることが求められていますし，就任時の年齢を設定することも検討に値するでしょう。2年任期で5期やれば10年ですから，これを超えて在任しないようにするという取り組みが早急に必要だと思います。

「原則3：組織運営等に必要な規程を整備すべきである」の中に，「代表選手の公平かつ合理的な選考に関する規程の整備」が義務づけられています。団体競技と個人競技では少し色合いが違っていて，団体競技では日本代表チームを編成するのは監督・ヘッドコーチの権限となります。ところが個人競技の日本

代表選出方法は結構難しい。マラソンなどは，同じレースを走って決めましょう，とかなり改善してきましたが，過去には揉めごとがありました。体操競技では，特定の体操クラブが優遇されているとまことしやかに囁かれることがありました。私は団体競技しか経験がありませんから，なかなか奥深いものがあるなと理解した次第です。

　スポーツ団体における不祥事の原因とガバナンスコードの関係を示すと**表1-1** の通りとなります。

　いろいろと申し上げてきましたが，スポーツ団体がガバナンスを強く意識しなければならない大きな理由は，その競技における独占企業であるということです。日本サッカー協会，京都府バスケットボール協会，全日本大学バレーボール連盟などすべてそうです。ライバル団体は存在しません。だからこそ自ら襟を正す必要があるのです。

表 1-1　不祥事の原因とスポーツ団体ガバナンスコードの関係

企業	スポーツ	ガバナンスコード（NF向）
トップの資質不足	人材不足	原則 2　役員等の組織運営体制の整備
長期政権	長期政権	【多様性】【実効性】【新陳代謝】【公正性】
内部統制力の未熟	競技縦割り・学閥主義	原則 8　利益相反の管理
外部の目 / グローバルスタンダードがない	閉鎖的体質	原則 9　通報制度の構築 【客観性・透明性】【自浄作用】
利益至上主義	成功体験からの未脱却 勝利至上主義	原則 5　コンプライアンス教育（インテグリティ） 【価値を守る】
年功序列	（過去の）栄光至上主義 縦社会	原則 2　役員等の組織運営体制の整備 【多様性】【実効性】【新陳代謝】【公正性】
意思決定プロセス不全	統括団体の機能不全	原則 3　組織運営規程の整備 【公正性・透明性】
ステークホルダー軽視	人格・人権の軽視・無知	原則 5　コンプライアンス教育 【価値を守る】 原則 7　適切な情報開示 【説明責任】

5 スポーツ団体の機能分割・集約

スポーツ団体と言っても，サッカー，バスケットボール，バレーボール，ラグビーなどのように NF とリーグ統括団体が別々に存在しているケースは多くあります。ここではバスケットボール界の事例をもとに，統括団体の機能分割と集約を行った事例をご紹介します。

■B.MARKETING & B.CORP

スポーツ団体が大きく成長するためには，その競技のマーケティングを強化して，収益力を高めることが求められます。営業をバラバラにやっていると，ある協賛企業がリーグを応援していたら，代表の試合ではライバル企業がパートナーとなっていた，といった事例が起こり得ます。

そこで，日本代表（を統括する協会）とリーグの権益を統合して，一括セールスが可能となる体制を目指すこととしました。事実，バスケットボール界では SoftBank，日本生命，富士通，朝日新聞など，JBA と B.LEAGUE 両方を支援していただいている企業があります。両者のマーケティングを取り扱う会社（B.MARKETING）を設立した成果ではないかと思います。

一方で，どの団体にも総務・人事・経理・庶務といった管理系業務が存在します。これらも一括して取扱い，効率化を図ることが大切です。その観点から，バスケットボール・コーポレーション（B.CORP）というアドミニストレーション専門の会社を設立しています。

その結果，JBA や B.LEAGUE は，強化・育成・普及，試合運営といった本来業務に特化することが可能になったわけです。そして団体間の横串が刺されてバスケットボール界全体の内部統制の強化が実現できるでしょうし，将来的には各団体職員の人材育成も視野に入れています（図1-5, 1-6）。

図 1-5　バスケットボール各統括団体の機能

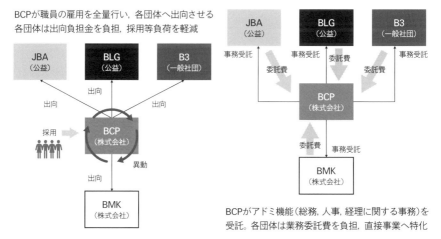

図 1-6　バスケットボール各統括団体の関係性

本章のまとめ

10 年以上 J リーグ，B.LEAGUE というプロスポーツ界のど真ん中で働き，JOC の理事を務めた私の経験から言えることは，ガバナンスこそがスポーツ界が発展するための一丁目一番地だということです。NF やリーグ・クラブのトップが常勤でその業務に 100 ％コミットする体制でないと，スポーツの産業化は進展しないと言えます。

2 リーグ・クラブ経営戦略

明確なビジョン，定量的目標で組織を動かす

1 スポーツの産業化

　前回は主にガバナンスについてお話をしました。ここからはマーケティング，事業サイドの内容，B.LEAGUE のビジネスやクラブのビジネス等について，標準的な内容をお話していきます。

　日本には野球，サッカー，バスケットボールのプロリーグができましたが，リーグビジネス，クラブビジネスといっても競技特性によって違いがあります。また，ラグビーや V リーグ（バレーボール）がプロ化していく場合にどういう課題があるのか，といったお話もさせていただきます。

■ 日本再興戦略 2016

　2016 年，安倍政権下で『日本再興戦略 2016』が閣議決定されました。その際，約 500 兆円の名目 GDP を 2025 年には 600 兆円にしようという計画が出てきています。このプラス 100 兆円をどのように埋めていくのか，というのが『官民戦略プロジェクト 10』です（**図 2-1**）。

　一つ目は新たな有望成長市場の創出であり，二つ目は『ローカルアベノミクス』と言われている，サービス産業の生産性向上や観光立国の実現で GDP を増やしていく。あとは国内消費マインドの喚起など 10 の施策があります。

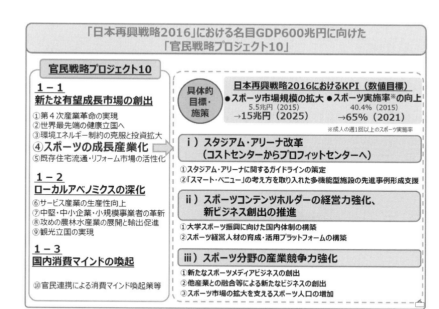

図 2-1　スポーツの産業化は「官民戦略プロジェクト 10」の１つ
出典：首相官邸 HP　2017 年 5 月 10 日　特定複合観光施設区域整備推進会議　スポーツ庁説明資料より

　この新たな有望成長市場の創出は五つ挙げられていますが，その四番目に
「スポーツの成長産業化」が掲げられました。前年 2015 年 10 月 1 日にスポー
ツ庁が発足し，コストセンターと見られているスポーツをプロフィットセン
ター化していこうという動きが加速していきます。

　有望成長産業の中では，「第 4 次産業革命の実現」と表現されている IT 系
やロボット，AI 分野等で 30 兆円増やす計画があります。スポーツの場合は，
2015 年に 5.5 兆円といわれている規模を 2025 年には 15.2 兆円に増やしていく
という具体的な目標が掲げられています。

　その後のコロナ禍（新型コロナウイルス感染症の世界的な感染拡大）で，進捗が当
初計画通り行かないところはあると思いますが，15.2 兆円と 5.5 兆円が持つ意
味，すなわち約 500 兆円の中で 5.5 兆円というのは約 1 ％に相当しますが，

600 兆円に到達した時の 15.2 兆円は 2.5 ％です。これは，現在アメリカにおけるスポーツ産業が GDP の 2.5 ％の割合を占めていると言われており，それと同じ数値になります。今後，日本でもこれぐらいのシェアを取っていきましょうという意味が含まれているのだと思います。

■スタジアム・アリーナ改革とは

この 5.5 兆円を 15.2 兆円に，約 10 兆円増やしましょうという中で，何が一番のドライバーで，そのために何が必要なのかというと，三つあります。

一つ目はスタジアム・アリーナの改革。今までの競技場や体育館は，いわゆる競技者目線で造られた施設ですが，その多くは国体（国民体育大会）に合わせて建設されました。戦後始まった国体は全都道府県で開催され，今は 2 巡目に入っています。特に 1 巡目の時は道路整備も含まれ，競技場には天皇陛下にご来場いただくための貴賓室なども設けられていきます。ただし，その多くは「競技するためだけの施設」です。

まずここが変わらなければいけません。日本は先進国だし成熟国ですが，競技会場に関しては「観るためにはあらず」，一流国とは言えません。

2015 年，私がバスケットボール界に転じた頃，中国・長沙市で男子アジアカップが開催されました。大学のアリーナを使用していましたが，7 千から 8 千人入場可能な大きな施設です。現在 NBA で活躍する渡邉雄太選手が留学したアメリカの大学（NCAA Div.1）には 5 千人規模のアリーナがあり，吊りビジョンも設置されています。日本版 NCAA という話もありますが，まずは，日本は観戦者目線もいれたスタジアム・アリーナに変革していくことが出発点だと思います。

■スポーツ経営人材の重要性

二つ目が，スポーツコンテンツホルダーの経営力強化，新ビジネス創出の推進が挙げられます。大学スポーツ振興に向けた国内体制の構築（＝日本版

NCAA）という話がありますし，スポーツ経営人材の育成・活用プラットフォームの構築も掲げられています。

例えば，CHAPTER 1 でお話をしたように，スポーツ団体のトップが非常勤，ボランティアでかかわっていることが，小規模な NF（競技毎の日本協会）では当たり前となっています。1990 年代（私が J リーグに出向していた頃），J リーグの各クラブには「代表権のある役員を常勤にしてください」と通達しましたが，まずそこから始めなければなりません。片手間でクラブやリーグの経営をしていくこと自体がダメなのです。

スポーツ関係の仕事に就きたい人は多い。なぜなら感動と隣り合わせの仕事だからです。しかしながら，給与水準が低い，勤務体系が厳しいという状況があり，出産を機に，これでは生活が大変だとなって辞めていく人が多い。そのような状況を変えていくことがスポーツ界の悲願ですが，プロ野球や J リーグの上位クラブではかなり改善されています。

■ 他産業との連携で強くなる競争力

三つ目が，スポーツ分野の産業競争力強化です。細かなことは別にして，他産業（IT・ファッション・食，観光など）との融合が重要です。スポーツが単体でプロフィットセンター化するというより，他産業と連携して産業力を強化していくイメージです。

1995 年に野茂英雄さんが大リーグに挑戦し活躍したことで，野茂さんの試合観戦が含まれている日本からのツアー旅行で多くの人がアメリカへ出かけました。本田圭佑選手や香川真司選手が海外に行っても同じ現象があり，八村塁選手が NBA の選手になったことで私もアメリカに行きました。

例えば九州のクラブはアジアの国々と距離的に近い。沖縄の FC 琉球（現 J2，当時は J3）がマレーシアから選手を獲得したところ，マレーシアのメディアがやって来たり，問い合わせが入ったりする。地図を見れば沖縄は東アジアおよび東南アジア地域の真ん中あたりに位置していますし，送り出した国の

方々が興味を持ってやって来るということがわかりました。

　こういったことを契機に，Jリーグではコンサドーレ札幌や水戸ホーリーホックなどが，タイやベトナムの選手と契約をしました。そうして海外のスポンサーを呼び込んだり，お客さまに来日してもらったり，そういう施策が始まっています。

　B.LEAGUE でもアジア戦略がスタートして，フィリピンの大学 No.1 選手，サーディ・ラベナ選手が三遠ネオフェニックスに加入しましたし，翌年にはフィリピン代表の主将である兄のキーファー・ラベナ選手が滋賀レイクスターズに入団しました。

　コロナ禍もあり，B.LEAGUE はこの状況をまだビジネスに活かし切れていません。しかし，このようにアジア出身選手のポテンシャルを活用し，観光やそれにまつわる食や購買に繋げていこうという考え方があります。バスケットボールはとりわけファッションとの親和性が高く，ニューヨークなどはスポーツ関連のファッションアイテムだけを取り扱う大型店舗がありますし，そうした展開によってスポーツを産業化していくという観点は重要です。

■学校の枠を越えて行くスポーツ

　欧米，特にアメリカにおいてはスポーツビジネスが巨大な産業となっています。なぜ日本はそうならないのだろうかと考えた時に，間接的かもしれませんが，大きな要因として考えられるのが，長年「体育」として位置づけられてきたことが挙げられるでしょう。「体育」として学校教育の中に採り入れられてきたことで，精神論や忍耐力を求められてしまい，本来は体を動かして単純に楽しいはずのスポーツを苦痛に感じてしまう子どもたちがいるのではないかと思います。

　教師の指導や運動能力差，競技による得手不得手はあるかも知れませんが，実際に体育嫌いになる子どもは存在し，それがイコールスポーツ嫌いになってしまうケースも多いのではないかと考えています。

ドイツの学校にはスポーツの授業はありますが，いわゆる部活動はありません。地元にスポーツクラブがあり，クラブハウスや天然芝のグラウンドがある。そこで，老いも若きも皆が一緒にスポーツを楽しむという国民性です。それに比べると日本は，体育という学校単位の身体教育（鍛錬）から始まっている。だからスポーツの産業化について大きな違いがあるのかもしれません。

最近は日本人の消費が「モノ」消費から「コト」消費に移行している時代背景がありますから，これからスポーツを産業化していこうという，具体的な取り組みがどんどん出てくると思います。

■施設の多角的利用

スタジアム・アリーナ改革，スポーツオープンイノベーションプラットフォーム（SOIP）の構築は他産業との融合が関係します。例えばスポーツ観戦で席に座っていたとしましょう。座席にタブレットが置いてあり，それを操作することでリプレーを見ることができたり，飲食のオーダーができたりする。今後は，そのような「スマートアリーナ」「スマートスタジアム」ができていくことでしょう。琉球ゴールデンキングスのホーム「沖縄アリーナ」やガンバ大阪のホーム「パナソニックスタジアム吹田」など，少しずつ動きが出始めています。

ITとの融合だけでなく，スクール事業の運営やシニア向けのヘルスケア産業への進出などの可能性が広がります。

鹿島アントラーズは，カシマサッカースタジアムに隣接して整形外科を開業しました。多くの場合，クラブのスポーツドクターは整形外科のお医者さんですから，その方を主治医に迎えた病院施設を地元に開放しているのです。高齢化によって増えている症例に対応するなど，地元ニーズに的確な対応をしている事例だと思います。これもスポーツと他産業（医療）との融合という好事例になります。

スポーツスキルとスペースのシェアリングエコノミーという点では，ICT

の活用による指導者のスキルシェア，施設を開放して活用するスペースシェアの推進，利用者の利便性向上などの取り組みがなされています。

■ スポーツによる経済の活性化

　スポーツによる経済の活性化について考えてみたいと思います。もともとスポーツはコストセンターと考えられています。国の予算（税金）を強化費に充て，JOCから各NFへ助成するお金で強化をしなさい，というカスケードスキームが中心です。

　でも今はスポンサーがアスリート個人やNFに付くようになり，直接収入を獲得することで選手の強化や育成，普及に活用していくシステムが始まっています。もっとここを活性化しなければいけませんし，プロフィットセンター（収益部門）にしていくように努めなければなりません。

　アメリカでスポーツがなぜ産業化しているのかというと，端的に言えば儲かっているからです。日本は儲かっていないから親会社が赤字補填をしなければならなかった。やっと自力で収支を合わせて価値を認められて，儲かるクラブが出始めた，というのが今の日本の状況でしょう。スポーツ産業の潜在成長力を顕在化させ基幹産業化していく。それが15兆円の裏付けになるのです。

■「する人」も「みる人」も支えるスポーツ産業

　「する」スポーツの観点からは，スポーツ人口の拡大が必要ですが，実際には競技人口は減少しています。少子化・高齢化もありますが，最近一番の要因は新型コロナウイルスの感染拡大で，特に中高生の部活動人口が減少していることです。もしかすると，今後さらにスポーツをする子どもたちが減っていく大きなリスクにもなりかねません。

　「スポーツは楽しい」という原点に立ち返り，もっとスポーツに触れる人たちを増やしていく。スポーツ愛好者が増えればスポーツ市場が拡大し，その収益が還元されてスポーツの環境整備が進み，さまざまな新規事業が生まれます。

例えとしてよく出てくるのが『箱根駅伝』です。関東学生陸上競技連盟の大会ですが，箱根駅伝の財務内容はよくわからず，放映権の配分など意思決定のあり方自体が見えません。高校野球の甲子園と同じく「アマチュアリズム」の感覚なのだと思います。往路復路とも5〜6時間程度，民放でテレビ中継があり，視聴率は約30％。前後の情報番組を含めれば7〜8時間の番組となり，CM枠を売れば相当大きな価値があるのではないでしょうか。

　そこで得られた収入を，関東学連だけでよいのかどうかわかりませんが，もっと陸上競技全体の普及や強化に使ったり，大学に配分することはできないのかと思います。

　日本にはスポーツで稼ぐことは悪だ，と考える風潮がまだ根強く残っているのが現状です。儲けることが決して悪ではありません。ただし，ビジネスと捉える場合はガバナンスが効いていなければならない，ということです。

　スポーツによる経済の活性化ですが，試算にある「15.2兆円」の分野ごとの内訳は**表2-1**の通りです。

表2-1　スポーツ市場規模（試算）の内訳

（単位：兆円）

スポーツ産業の活性化のための主な施策		2012年[※1]	2020年	2025年
（主な分野）	（主な増要因）	5.5	10.9	15.2
①スタジアム・アリーナ	➡ スタジアムを核とした街づくり	2.1	3.0	3.8
②アマチュアスポーツ	➡ 大学スポーツ等	−	0.1	0.3
③プロスポーツ	➡ 興行収益拡大（観戦者数増加など）	0.3	0.7	1.1
④周辺産業	➡ スポーツツーリズム等	1.4	3.7	4.9
⑤IoT活用	➡ 施設，サービスのIT化進展とIoT導入	−	0.5	1.1
⑥スポーツ用品	➡ スポーツ実施率向上策，健康経営促進等	1.7	2.9	3.9

※1　株式会社日本政策投資銀行「2020年を契機としたスポーツ産業の発展可能性および企業によるスポーツ支援」（2015年5月発表）に基づく2012年時点の値
【各改革の試算に含まれる主な業種】
・スタジアム改革：施設，・アマチュア改革：興行（大学スポーツ），・プロ改革：興行，・IoT改革：その他（ソフト投資として計上），・スポーツ用品改革：小売，周辺産業改革：スポーツ関係の雑誌・放送・新聞，旅行等
出典：スポーツ市場規模試算（EY総合研究所）をもとに作成

2 リーグ経営戦略

　スポーツの産業化について，外観をお話してきました。ここからはリーグの経営戦略についてお話します。リーグがどのようにしてマネタイズしていくのか，事業拡大していくのかということについて，リーグが考える一般的なマーケティングのセオリーをお話したいと思います。

■大会方式・スケジュール

　ここは主に B.LEAGUE からの引用です。B1・B2 はレギュラーシーズンで1,080 試合，さらにチャンピオンシップ（ポストシーズン）の試合を含めると1,100 試合以上になります。

　図 2-2 の太い折れ線グラフを見ていただくとわかるように，開幕直後の第1節，第2節はお客さまが多く来場されます。真ん中の線が平均（3,078 人）ですが，その後3カ月近くはずっと下振れします。

　Jリーグも2月下旬に開幕し，3月，4月は同じ傾向でした。Jリーグ在籍

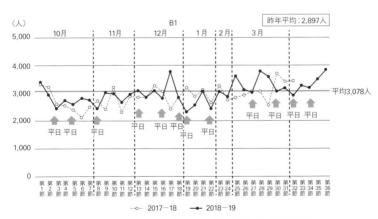

図 2-2　2018-19 シーズン　B1 入場者数（1 試合平均）
出典：B.LEAGUE シーズンレポートをもとに作成

時，「どうして（3・4月は）ダメなのだろうか!?」「会社の人事異動で転勤があるからかな」と話をしていましたが，それだけではない。このグラフでも10月，11月は転勤などないにもかかわらず，観客数は伸びません。ところが12月に一度大きく跳ね上がります。これは主に，年末年始にかけて帰省した際，「バスケットボールでも観に行こうか」となるのでしょうか，毎年この時期は跳ね上がります。

　1月はまた下がり，2月以降再び上昇に転じます。これはシーズン終盤で，優勝争いや昇格降格争いなどがかかってきますから，応援にも熱が入る。ということは，B.LEAGUE に関しては，10月下旬から11月にかけてと1月下旬から2月にかけて，（観客動員増に向けて）どんなカンフル剤を打てばよいのか，となります。各クラブも考えますが，リーグとしていろんな施策を考案しなければなりません。

■ 季節ごとのイベント

　10月下旬のハロウィンで仮装の企画があり，この頃からウインターカップ（全国高等学校バスケットボール選手権大会）の予選が始まりますから——この大会は人気が高く，特に強豪校のある都道府県は決勝戦が満員になります——それとのタイアップもあります。一般的にはプロの試合のほうが観客数は多いのですが，強豪校がありバスケットボールが盛んな地域ではこのような取り組みがなされています。

　1月はオールスターゲーム。新型コロナの感染拡大により中止となりましたが，アメリカではほとんどのプロスポーツでオールスターゲームが行われます。その狙いは露出の拡大です。オールスターによるスーパープレーのメディア露出を増やすことで，中だるみしかける入場者数の呼び込み，各クラブのチケット販売に繋げようという施策です。

　2月はバレンタイン企画。B.LEAGUE では恒例の「モテ男 No.1 決定戦」を行い，SNS を中心に露出の拡大を図ります。3月には卒業シーズンに合わせて

「Bフェス」の春バージョンを実施しています。

　このようにリーグ全体でプロモーション企画を行っていますが、これをクラブのほうでどのようにタイアップしていくのか、どう活用していくのかを考えなければいけません。

■ 毎日観戦できる環境

　次に、曜日別の状況はどうでしょうか。短期的には土日に試合をするほうが集客に有利です。ところが冬場の土日はウインタースポーツ（スキーやスケート、マラソン・ラグビーなど）の開催が盛んになり、そうしたスポーツの露出が増えて競合します。

　こうした状況を鑑みると、露出を増やすにはプロ野球のような国民的スポーツになる必要があります。「カープ女子」と言われるファンがいますが、彼女たちは試合を観るけれど自分たちが野球をやるわけではない。競技をまずは観てもらうという意味では、毎日どこかで試合が行われる環境が大切です。

　NBAはほぼ毎日試合があります。贔屓のチームではないけれども、どこかで試合がある。そのような状況にならなければ、本当の意味での国民的スポーツにはなりません。プロ野球も平日の集客は落ちます。しかしながら、ほぼ毎日試合をしていることでメディアの取り上げが増加し、野球界全体の集客力アップに繋がる。それが大切なのだと思います。

　またアウェーゲーム対策も必要です。B.LEAGUEのレギュラーシーズンは1チーム60試合ですが、クラブはホームの30試合しかチケットを売れません。Jリーグも同様に、34試合のうちチケット販売が可能なのは17試合だけです。そこでアウェーの試合でもチケットを売る方法はないのか？　と考えます。その一つがパブリックビューイングなどのオンライン観戦です。昨今のコロナ禍も見据えて考えることが重要になります。

■ホームアリーナは「我が家」

　次にアリーナ別の入場者数ですが，**表2-2**のメインというのは本拠地にあるホームアリーナで，サブはホームアリーナ以外です。土日開催か平日開催でマトリックスになっています。数字は2018-19シーズンで，（　）内はその前年の数字になりますが，同じような傾向を示しています。

　メインの土日開催は3,286人ですが，平日は2,815人で1割強の減少。サブの場合は土日開催でも2,852人でメインの平日とほぼ同数となり，平日だと減少幅は1～2割程度となります。土日祝と平日を平均しても，メインとサブでは1～2割下がっています。ホームアリーナは家族が集まる「我が家」として愛着が湧くとても大事な場所です。

　Jリーグの鹿島アントラーズはカシマサッカースタジアムで，浦和レッズは埼玉スタジアムで試合をします。プロ野球も阪神タイガースなら甲子園球場，読売ジャイアンツなら東京ドームというように，選手にもファンにもホームのアリーナやスタジアムで開催することが重要なのです。

表2-2　2018-19シーズン　B1入場者数（1試合平均）

	土日祝	平日	合計
メイン	3,286 （3,103）	2,815 （2,694）	3,161 （3,033）
サブ	2,852 （2,344）	2,612 （2,557）	2,792 （2,380）
合計	3,187 （2,944）	2,772 （2,665）	3,078 （2,897）

（　）内の数字は2017-18シーズン

出典：B.LEAGUEシーズンレポートをもとに作成

■クライマックスはポストシーズン

　それからポストシーズン（順位決定戦）の考え方です。ヨーロッパ型スポーツ

の代表格であるサッカーはポストシーズンがないケースが多く，ホーム＆ア
ウェーで同数のレギュラーシーズンを戦い，勝点等で順位を決めて，昇降格を
行います。

　アメリカ型もレギュラーシーズンは重視しますが，基本的には地区ごとに
チームを分けるディビジョン制。他地区との対戦はあるものの平等ではなく
（交流戦と言いつつ総当たりではなく），一度も対戦しないカードもあります。ただ
勝敗や勝率はわかりますから，その上位チームがポストシーズンに進みます。
このポストシーズンが稼ぎ時でもあり，世間の注目が集まります。大リーグや
NBA をみればよくわかると思います。

　日本ではプロ野球や B.LEAGUE，W リーグ，ラグビーのトップリーグ，バ
レーボールの V リーグがアメリカ型で，J リーグがヨーロッパ型。J リーグは
すべて平等にカードが組まれますから，改めてポストシーズンで順位を決めよ
うとするとブーイングが起こります。かつてチャンピオンシップがありました
が，ホーム＆アウェーで平等に戦ったのだから優勝決定戦は必要ない，と批判
が高まりました。

■権益〜リーグ権益とクラブ権益

　マーケティング的には，リーグの権益とクラブの権益があります。スポン
サー権や放送・配信権，試合会場等の看板掲示，ホームページなどの権益です
が，プロ野球はもともと各球団が持っています。日本シリーズやオールスター
は別ですが，シーズン中の試合に関しては各球団の権益で，リーグが統一して
何かをやることはありません。

　一方で J リーグと B.LEAGUE は，主要なスポンサー権と放送・配信権を
リーグが一括で契約し，リーグが得た収入をルールに基づいて各クラブに配分
しています。

　J リーグ，B.LEAGUE とも同様ですが，この方法は，強くて人気のあるク
ラブ（上位 1 〜 2 割のクラブ）は損失を受けているでしょう。自分たちで権益を

売ったほうが収入は高いかもしれませんから。しかし，リーグ全体が運命共同体だという考え方と，合計した時にリーグがまとめて売ったほうが高額になるという理由から，リーグが全体権益を預かっています。リーグガバナンスの一つでもあります。

　放映権などは基本的にリーグが一括管理をしますが，会場内のスポンサー広告掲示についてはガイドラインを設けてクラブにリリースします。テレビ放送やネット配信などで恒常的に映る場所にリーグスポンサー，それ以外の場所にクラブスポンサーの掲示をします。J2・B2は財政的に苦しいので，リーグスポンサーのスペースを狭くして，ローカルのクラブスポンサーを多く掲示できるようにスペース確保するなど，工夫されています。

　ヨーロッパのクラブでは，ビッグスポンサーが高額出資します。でも日本ではクラブが努力して数多くのスポンサーを獲得し，多いところだと500を超えるケースもありますが，個々の金額はあまり大きくありません。スポンサーする側にとっては寄付金のような感覚かもしれません。アクティビティ（権利活用）のついた意義のあるスポンサーを集めることが，本来の趣旨だろうと私は考えています。

　ホームページのレイアウト活用もB.LEAGUEの戦略です。B.LEAGUEはチームカラーで違いを出しつつ，どのクラブのサイトもメニューが標準化されています。

　サイトのレイアウトに統一感があるので，ユーザーがどのクラブにアクセスしても試合日程や選手情報，ファンクラブやチケットに関する情報はここから，と一目瞭然。Jリーグでも統一しようと試みましたが，すでにクラブ単位で作り込まれていたため，標準化できていません。

　プロ野球，特にセ・リーグは球団間で統一することに関心がありません。海外のプロスポーツはB.LEAGUE同様，統一された仕様になっているケースが多いと思います。

■ スポンサーシップ

　スポンサーシップの市場動向を考えてみましょう。以前の広告代理店のセールストークと言えば、「看板を並べれば効果的にテレビに映ります。○分○億円です」というものでした。未だにその発想から抜け出せてないのかもしれませんが、今はアクティベーションを含めて、権利活用することがスポンサーと主催者間の取り決めになっています。

　権利＝広告露出権というのは当然ですが、他に商標権や肖像権などさまざまな権利を渡す、費用やユニフォームなどのサプライを担うケースなどがあります。スポンサーシップにおける権利の考え方は、スポンサーの目的、トレンドやアクティベーションのアイデアによって、活用しうる権利はさまざまです。

　明治安田生命がＪリーグのトップパートナーとなりましたが、期待していることは何だろうと思い、聞いたことがあります（聞くのも変な話ですが）。すると、「社員の一体感・福利厚生のためにスポーツチームをうまく活用したい」との回答がありました。全国に支社があり、各支社の社員・スタッフが地元のクラブを応援することで職場の一体感を醸成するのが狙いの一つだというのです。なるほど、と思いました。Ｊリーグは2015年に20～30万人ほど入場者数が増加しましたが、これは明治安田生命経由で来場されたお客さまとほぼ同数となっています。

　また、「会社の新しいブランドイメージを消費者に定着させるためにスポーツを活用したい」というケースがあります。上場企業でも新興のIT系やB2Cではない企業、B2Cでも知名度がそれほど高くない企業が積極的に取り組んでいます。B.LEAGUEの規模感では、クラブのオーナーになりたいという話がよく出てきます。

　あとは「海外展開を考えており、現地でのマーケティングのアイコンとしてスポーツを活用したい」とか、「ビジネスパートナー獲得のために（スポーツを用いて）効率的にアプローチしたい」というケースがあります。

　スポンサーが活用しうる代表的な権利は**図 2-3** の通りです。

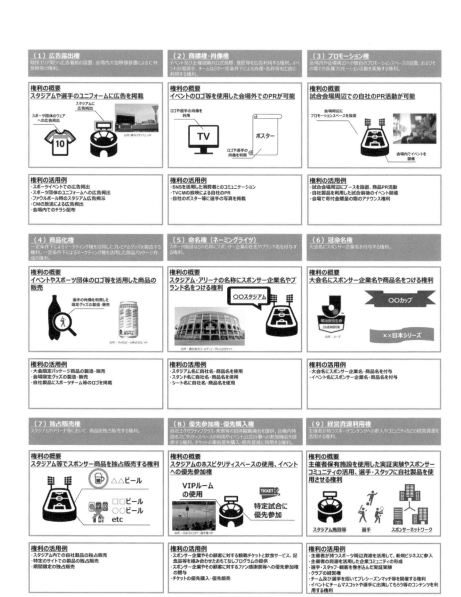

図 2-3　スポンサーが活用しうる代表的な権利

出典：スポーツ庁　平成 29 年度「スポーツ産業の成長促進事業③スポーツ関連新事業創出支援事業」報告書
（2018 年 3 月）より

■アクティベーションがスポンサーシップの本質へ

歴史的にスポンサーシップの起源は，紀元前のギリシャやローマ時代にまで遡ると考えられています。最近の話としては，2018 年頃からビジネスの拡大やイノベーション，マーケティングの海外進出などにより，スポンサーごとのニーズに合わせ，どのようにアクティベーションを活発化していくかがトレンドになっていると思われます。

バスケットボールを例に取れば SoftBank です。B.LEAGUE や日本代表もそうですが，ウインターカップでも「SoftBank ウインターカップ」とネーミングライツしています。試合会場で 5G を利用して，AR や VR で試合観戦ができる自社製品の PR や実証実験等を行っています。

富士通が B.LEAGUE のスポンサーになった時は，スタッツ（記録）の分析や統合データベースの活用，個人向けのマーケティングデータベース化を一緒に構築していくパートナーでありたい，という要望を受けました。

このように PR にとどまらず，実証実験ができるというのが，今日の権益のトレンドの一つだと思います。スポンサーシップにはスポンサーが持つ価値や特性により，さまざまな権利を活用できる利点があります。看板を出していくらです，という時代ではなく，アクティベーションによってビジネスを加速させる事例が増えているとご理解ください。

■権益〜 NF 権益とリーグ権益

権益には NF の権益とリーグの権益があります。JFA において，男子のトップ（プロ）リーグを管轄しているのが J リーグであり，日本代表などは JFA の管轄となります。JFA の傘下に J リーグや WE リーグ（女子プロサッカーリーグ）があり，JFL（日本フットボールリーグ）や F リーグ（フットサル），大学や高校の連盟なども JFA の傘下団体です。

ここで「クラブ権益型」といわれるものの代表例がプロ野球です。球団ごとに権益を持っています。「リーグ権益型」というのは J リーグや B.LEAGUE

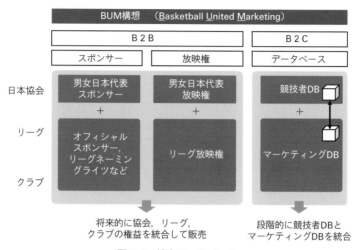

図 2-4　統合データベース

出典：総務省 2020 年に向けた社会全体の ICT 化推進に関する懇談会　スポーツ× ICT ワーキンググループ　第 2 回（2015.11.6）資料をもとに作成

など，クラブの権益をリーグが纏めて預かってビジネスを行うものです。

　NF とリーグというのはコンフリクト（意見の対立や衝突）が生じやすい関係となります。一番多いのがスケジュールの問題です。JFA は J リーグのレギュラーシーズンやカップ戦を行わなければなりませんし，ACL（アジアチャンピオンズリーグ）の出場や日本代表の試合も管轄しています。リーグ側（クラブ）としては集客しやすい土日に試合をやりたいとアピールしますが，JFA としてはリーグ戦を少し休んで代表活動を優先して欲しい，となります。

　そのようなせめぎ合いは，UEFA（ヨーロッパサッカー連盟）と FIFA（国際サッカー連盟）の間でも起こりますし，バスケットボールのユーロリーグと FIBA も揉めることがあります。

　そうした中で，NF とクラブ，リーグの権益を統合しているのがバスケットボール界であり，アメリカではサッカー界[1]，MLS（米国：メジャーリーグサッ

1）2023 年よりアメリカサッカー協会は事業を内製化し，提携解除の方向。

カー）です。MLS はアメリカの 4 大スポーツ（MLB, NBA, NFL, NHL）の背中
を追いかけていて急速に伸びています。

　その理由は二つあり，一つは NF（アメリカサッカー協会）と MLS 各クラブの
権益を守りながら，リーグ運営をしていること。昇降格のない閉鎖型リーグ
で，新規参加のハードルを上げて，「スタジアムを有していること」を条件に
付けました。その結果，良いスタジアムが次々に誕生しています。これが
MLS 急成長の大きな理由です。

　日本のバスケットボール界も同様の取り組みで，権益を統合することによ
り，代表とリーグの両方に SoftBank や富士通，朝日新聞などがスポンサーと
なっています。

■BUM 構想

　次に『BUM 構想（Basketball United Marketing）』です。これは以前からありま
すが，B2B の分野ではスポンサーと放映権をセットセールスします。

　B2C では競技者データベース。バスケットボールは約 60 万人の競技者登録
があり，それ以外に審判や指導者のライセンス登録者がいます。サッカーでは
100 万人程度のデータベースになりますが，この中にリーグの試合に来た人も
いれば，リーグのグッズを EC（イーコマース）で買った人やファンクラブに入
会している人もいます。

　それらを名寄せして一つの大きなデータベースにします。それを武器にセー
ルスをする。バスケットボールの場合，この 60 万人に対して分析すると，「こ
ういう属性の人にこういうスポンサーのこういう商品を訴求できます」という
強みがわかるのです。サッカーが好き，バスケットボールが好きという人たち
は競技に対する粘着性がありますから，継続して新しい情報を流すことができ
ます，というアプローチです。

　あるいは，このデータベースと提携することで商品を割引販売するというタ
イアップが可能です，というアピールができます。医療情報は人にあまり知ら

れたくない情報になりますが，子どもの成長過程における情報などは，上手に使うと価値があるかもしれません。

■ リーグ構造

リーグの運営スタイルは，大別すると「開放型モデル」と「閉鎖型モデル」があります（図2-5）。前者はヨーロッパ型，後者はアメリカ型とも言えるでしょうか。

開放型はもともと地元チーム，グラスルーツからできていることが多く，歴史があり，どんどん強くなったチームがプロ化していく。そのプロが集まってリーグを構成します。ブンデスリーガ（ドイツ）など，ヨーロッパサッカーが該当します。リーグ内でクラブ同士が競い合い，昇降格制度を採り入れています。

閉鎖型は，ある意味運命共同体。選手の年俸に上限を設けるサラリーキャッ

図 2-5　リーグ運営スタイル（開放型モデル vs 閉鎖型モデル）

プやドラフト，クラブオーナーへの規制として，選手の年俸の合計が一定以上になればかかる贅沢税（ラグジュアリータックス）を課したりします。

エクスパンション（計画的にチーム数を増やすこと）により参加クラブは増えますが，原則として昇降格はなく，新規参加には高いハードルが設定されるケースが多く，ここが典型的な違いです。

私がバスケットボールに関わり始めた時，すでに日本には NBL・bj で 40 以上のクラブあり，B.LEAGUE 立ち上げでは閉鎖型リーグを採用できませんでした。しかしながら，将来的には閉鎖型のほうがビジネスはやりやすい。そこで，すでに B.LEAGUE の実行委員や理事会で合意は得られていますが，新 B1 の定義を設定し，2026-27 シーズンから原則閉鎖型リーグとする方向で進んでいます。現在，その新しい B1 を目指して各クラブがチャレンジしている状況です。

■ 競技別収益特性

ここからは競技別の収益特性として，プロ野球，J リーグ，B.LEAGUE を比較します（表 2-3）。

おおよそですがシーズンはプロ野球が 4 月〜 10 月ぐらい，J リーグが 3 月〜 12 月，B.LEAGUE は 10 月〜 5 月です。レギュラーシーズンのリーグ戦ホームゲーム数はプロ野球が 71 〜 72 試合，J リーグが 17 試合，B.LEAGUE が 30 試合です。

プロ野球は詳しい決算内容を開示していませんが事業収入は約 130 億円程度，今はもう少し多いかもしれません。J1 と B1 に絞っていますが，J リーグが約 48 億円，B.LEAGUE が約 9 億円という規模感です。

1 チームあたりの入場者数は，プロ野球が約 210 万人，J リーグが約 32 万人，B.LEAGUE が約 9.2 万人。抱えている選手数はプロ野球が 70 人，J リーグが 30 人，B.LEAGUE が 12 人程度です。これらの数字は一般的なサイズ感であり，これよりも多い少ないはありますが，目安としてとらえてください。

表 2-3　選手 1 人あたりの生産性比較

	プロ野球	J リーグ	B リーグ	J リーグ水準への到達
シーズン	4 〜 10 月	3 〜 12 月	10 〜 5 月	―
ホームゲーム数	71 〜 72 試合	17 試合	30 試合	―
A：事業収入	約 130 億円	約 48 億円	約 9 億円	約 19.0 億円
B：入場者数	約 210 万人	約 32 万人	約 9.2 万人	約 12.7 万人
C：プロ選手数	70 人	30 人	12 人	―
ホームゲーム 1 回あたり入場者数	29,167 人	18,824 人	3,067 人	4,267 人
日本人平均年俸	40 百万円	25 百万円	13 百万円	―
A/C：売上	1.9 億円	1.6 億円	0.75 億円	1.6 億円
B/C：入場者	3.00 万人	1.06 万人	0.76 万人	1.06 万人

（ホームゲーム数・A 〜 C は 1 クラブ・チーム平均，B リーグは B1 の場合）

　ホームゲーム 1 回あたりの入場者数はプロ野球が 29,167 人，J リーグが 18,824 人，B.LEAGUE が 3,067 人です。現在 J リーグは 2 万人を超えているかもしれませんが，ここもイメージとしてお考えください。

　日本人選手の平均年俸はプロ野球が 4,000 万円，J リーグ，B.LEAGUE は開示されていませんが，それぞれ 2,500 万円，1,300 万円ぐらいではないでしょうか。私が在職していた当時の J リーグは 2,000 万円前後でした。B.LEAGUE はここ 3，4 年で 2 倍になり，これくらいの金額です。

　では，選手一人あたりどれぐらいの売上を持っているのでしょうか。プロ野球が 1.9 億円，J リーグが 1.6 億円，B.LEAGUE が 0.75 億円になります。もう一つ，選手一人あたりでみると，どれくらいのファンが会場に足を運んでいるのでしょうか。統計上はプロ野球が約 3 万人，J リーグが 1 万 600 人，B.LEAGUE が約 7,600 人のファンが会場に足を運んでいます。

　2026 年（新 B1 開幕）に合わせて，B.LEAGUE は J リーグに追いつきたいと考えました。そうなると事業収入が 9 億円から 19 億円へ。入場者数は 9.2 万人から 12.7 万人に，ホームゲーム 1 回あたりの入場者数は 3,067 人から 4,267

人に上げなければなりません。その頃にJリーグはさらに成長しているでしょうが。

　そして，選手一人あたりの売上は 0.75 億円から 1.6 億へ，集客力は 7,600 人を 1 万 600 人へ上げてファンに試合会場へ来てもらう必要があります。そうすればB.LEAGUE の選手一人あたりの生産性は現在のJリーグと同程度となるでしょう。

　19 億円の売上，4,267 人の集客。これは現在，B.LEAGUE でトップの千葉ジェッツのイメージです。千葉の売上は 17.8 億円，総入場者数は 17 ～ 8 万人ぐらいですから（2018-19 シーズン），Jリーグの平均サイズ，あるいはそれを少し上回るクラブになります。千葉や宇都宮ブレックスがそれぐらいのポテンシャルを持っています。沖縄アリーナの誕生により，琉球ゴールデンキングスも大きな飛躍が予想されます。

■ ラグビーの収益特性

　ラグビーのトップリーグの DIVISION1[2] は 12 チーム程度と言われており，ホームゲーム数は 11 試合と仮定します。

　ラグビーがJリーグと同じような収益を得ようとすれば，以下の内容が必要となります（表2-4）。事業収入 64 億円，入場者数 43 万人，選手数が 1 チーム約 40 ～ 50 人いますから，ホームゲーム 1 試合あたり入場者数約 3 万 9,000 人，これをクリアすれば選手一人あたりの売上や入場者数がJリーグと同数になります。

　これは，現状ではかなり厳しいと言わざるを得ません。ラグビーのトップリーグは試合数が少なく，抱えている選手数が多い。一方で，大きなスタジア

2)　その後 JAPAN RUGBY LEAGUE ONE という名称が決まり，各6チームずつの CONFERENCE A・B に分かれ，同じ CONFERENCE ではホスト＆ビジターの2回戦の総当たり（各チーム 10 試合），異なる CONFERENCE とは 1 回戦総当たり（各チーム 6 試合）を戦うことが発表され，ホームゲーム数は 8 試合となった。

表2-4　Jリーグ vs トップリーグ（ラグビー）

	Jリーグ	新トップリーグ	備考
ホームゲーム数	17 試合	11 試合	DIVISION1 は 12 チーム程度
A：事業収入	約 48 億円	約 64 億円	
B：入場者数	約 32 万人	約 43 万人	
C：プロ選手数	30 人	40 人	40 〜 50 人
ホームゲーム 1 回あたり入場者数	18,824 人	38,788 人	
A/C：売上	1.6 億円	1.6 億円	
B/C：入場者	1.06 万人	1.06 万人	

ムをあまり使えないのが弱点なのです。

　当初，清宮克幸さん（日本ラグビーフットボール協会副会長）が構想したのは，世界トップクラスの選手の参戦，海外資本の取込みなどを図り，放映権を高く売るというものでした。ところがスポーツ界の偉い人が「チケットを売らずに放映権を売るなんて如何なものか」的な発言をしたこともあり，その構想は，シュリンクしてしまいました。個人的には清宮さんの考えは傾聴に値すると思っています。

　日本ラグビーの魅力をアピールするには，世界の強豪と戦えるチャンスを増やしたほうがよいでしょうし，放映権を OTT（Over The Top）で売って行くというのは王道ではないかと思っています。もちろん人それぞれの考え方がありますが，私はそう考えます。

　「どうしたらラグビーは儲かるのか」，現状のままでは厳しいのですが，それでもラグビー界がプロ化に近いリーグを創ろうとなるのは，私の個人的な解釈ですけども，「日本の企業経営者の理解」があるからでしょう。

　元ラグビー選手で有名な松尾雄治さん，明治大学・新日鉄釜石でプレーをされました。松尾さんは 1954 年生まれです。もう一人，「ミスター・ラグビー」と称された平尾誠二さんは同志社大学・神戸製鋼で活躍した名ラガーマン。1963 年生まれですが 53 歳の若さで逝去されました。

　今50代から70代ぐらいのゾーンが，彼らとともに一番ラグビーが盛んだった頃を知っています。当時サッカーは不人気でしたが，ラグビー早慶戦や早明戦，日本選手権の新日鉄釜石 vs 同志社大学は，国立競技場が満員でチケットが手に入らない，そういう時代。その当時のラグビー経験者・観戦者の多くが，まさに今，企業の中枢で活躍されていて，ラグビーを支えたいと考えています。当面チームは赤字になるかもしれないが何とか協力したい，そう思っている気がします。

■バレーボールの収益特性

　では V リーグはどうでしょうか。アリーナスポーツですが，昔のバスケットボール同様に試合数が少ない。例えば男子の DIVISION1 は 10 チームの参加で 4 回戦総当たりのレギュラーラウンドと，上位 4 チームによるファイナルステージを行います。その間に，「黒鷲旗」（全日本選抜大会）や国際大会も実施するため，リーグ戦をじっくりやっている感じではありません。

　バレーボールはサッカー，ラグビー，バスケットボールのような接触プレーがないので，選手の身体的な負荷は比較的少ないのではないかと思います。特にサッカー，ラグビーは体力の消耗が激しく，怪我も多いので毎日のように試合はできませんし，選手を多く抱える必要があります。

　バレーボールはプロ化により，もう少し試合数が増やせるのではないか，専門外の私はそう思います。10 チームで 4 回戦の総当たりだとホームゲームは 18 試合。バレーボールのセリエ A は 12 チームで 2 回戦総当たり，ホームゲームは 11 試合ですが，ポストシーズンが長めに組まれています。その間にヨーロッパの強豪が参加するリーグ戦（UEFA チャンピオンズリーグ）があります。地理的に近く，ヨーロッパ各国は移動がしやすいから実現できたという背景があり，少し別の視点が必要かもしれませんが，お客さまを呼べる試合を組んでいるのです。

　V リーグを B.LEAGUE と同等の規模にしようと考えると次のような試算に

表 2-5　B リーグ vs V リーグ（バレーボール）

	B リーグ	V リーグ	V1（男子）のケース
ホームゲーム数	30 試合	18 試合	10 チームによる 4 回戦総当り
		11 試合	セリエ A（伊）/ スーパーリーガ（ブラジル）：12 チーム，H&A を 1 試合ずつ
A：事業収入	約 9 億円	約 13 億円	
B：入場者数	約 9.2 万人	約 13 万人	
C：プロ選手数	12 人	17 人	1 チーム 15 ～ 19 人，平均 17.6 人
ホームゲーム 1 回あたり入場者数	3,067 人	7,240 人	現状の試合数の場合
		11,848 人	セリエ A と同じ試合数の場合
A/C：売上	0.75 億円	0.75 億円	
B/C：入場者	0.76 万人	0.76 万人	

なります（**表 2-5**）。ホームゲームを 18 試合行い，事業収入を約 13 億円，入場者数を約 13 万人に設定します。所属する選手は 1 チーム 17 人と考えると，現状のままの試合数だと 7,240 人の入場者数（ホームゲーム）が必要になります。

　B.LEAGUE 並み（ホームゲーム数 60 試合）に試合数を増やせるのかどうかはわかりませんが，増やせればバレーボールはプロ化が可能だと思います。ではなぜプロ化しないのか，それは協会やリーグ上層部，一部の企業チームが必要性を感じていないからではないでしょうか。プロ化しなくても強化はできる（＝オリンピックで過去に金メダルを獲得），という考えが根強く残っているからかもしれません。

　ラグビーもそうです。プロ化しなくてもワールドカップに出場して，2015 年には南アフリカに勝ち，2019 年は開催国として出場しベスト 8 入りを果たしています。

　サッカーやバスケットボールは，その点で困っていました。サッカーは 1968 年のメキシコオリンピックでの銅メダル以降出場はままならず，ワールドカップは夢の世界。バスケットボールは 1976 年のモントリオールオリンピック以降出場は叶わず，世界選手権は 2 度（2006 年は開催国枠）出場したもの

の何とかしなければいけないと思ったからこそ，（プロ化へ）舵を切れたのだと思います。

■B.LEAGUE の経営戦略

B.LEAGUE の経営戦略，「To 2nd Phase」については**図 2-6** の通りですのでご参照ください。

1 ソフト・ハードの一体運営
・ナショナルアリーナを含めた夢のアリーナを全国に10カ所以上展開
・"日本版AEG"を目指したコンソーシアム形成

2 デジタルマーケティングの進化
・新チケットシステムによる顧客拡大
・統合データベースの活用とマネタイズ

3 メディアカンパニー化
・「参加する」「会話する」双方向型メディア
・Sports-Tech等テクノロジーを駆使した新体験の提供

4 アジア戦略の本格稼働
・アジアの選手獲得を起点とした海外放送権販売、インバウンドの拡大
・アジアにおけるリーダーシップ、ガバナンスとプラットフォームの輸出

5 地域創生×バスケットファミリーの拡大
・中高生競技者数No.1、バスケットファミリーの力の結集で地域を元気に
・未就学児含めて子どものころからバスケに触れる機会の創出

図 2-6　To 2nd Phase
出典：2019.07.01　B.LEAGUE 中長期計画より作成

3 クラブ経営戦略

■組織

クラブの経営戦略ですが，特に「戦略」というよりも「体制」の観点で説明していきます。

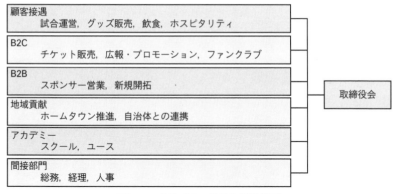

図 2-7　クラブの一般的な組織体制

「顧客接遇」という意味では試合を運営し，ホスピタリティを高めていく部署。B2C として，チケット販売や広報・プロモーション，ファンクラブを取り扱う部署。B2B でスポンサー営業やその新規開拓をする部署。さらにはホームタウンという概念がありますから，行政としっかり連携していく部署。それからスクールやユースを育てていくアカデミー。そして総務経理などの間接部門に分かれています。

■ クラブの収支構造

図 2-8 にあるのはマンチェスター・ユナイテッド（英国サッカー：プレミアリーグ）のアニュアルレポートをもとに作成したものです。ここはニューヨーク株式市場に上場していますので，その売上の内訳が掲載されています。

収入の割合を見ると，スポンサー料は 26.7 ％で（B.LEAGUE の場合は約 50 ％），ライセンス料は 16.3 ％。17.7 ％が入場料，38.5 ％を放映権料が占めていて，ここが日本と大きく違います。日本では視聴者はまず地上波テレビ放送（＝無料放送）を見るという文化が根強い。最近はテレビを見なくなったといいますが，CS 放送や OTT へ完全にシフトし切れておらず，大きな差が生まれています。

	Year ended 30 June				
	2019	Restated[1] **2018**	Restated[1] **2017**	Restated[1] **2016**	Restated[1] **2015**
Statement of profit or loss data:	(£'000, unless otherwise indicated)				
Revenue from contracts with customers	627,122	589,758	581,254	515,694	395,812
Analyzed as					
Commercial revenue	275,093	275,835	275,521	268,667	197,565
Broadcasting revenue	241,210	204,137	194,098	140,440	107,664
Matchday revenue	110,819	109,786	111,635	106,587	90,583
Operating expenses — before exceptional items	(583,337)	(562,089)	(516,068)	(421,574)	(384,843)
Analyzed as					
Employee benefit expenses	(332,356)	(295,935)	(263,464)	(232,242)	(202,561)
Other operating expenses	(108,977)	(117,019)	(117,942)	(91,244)	(72,271)
Depreciation and impairment	(12,850)	(10,755)	(10,228)	(10,079)	(10,324)
Amortization	(129,154)	(138,380)	(124,434)	(88,009)	(99,687)
Operating expenses — exceptional items	(19,599)	(1,917)	4,753	(15,135)	(2,336)
Total operating expenses	(602,936)	(564,006)	(511,315)	(436,709)	(387,179)
Operating profit before profit/(loss) on disposal of intangible assets	24,186	25,752	69,939	78,985	8,633
Profit/(loss) on disposal of intangible assets	25,799	18,119	10,926	(9,786)	23,649
Operating profit	49,985	43,871	80,865	69,199	32,282
Finance costs	(25,470)	(24,233)	(25,013)	(20,459)	(35,419)
Finance income	2,961	6,195	736	442	204
Net finance costs	(22,509)	(18,038)	(24,277)	(20,017)	(35,215)

	Year ended 30 June				
	2019	Restated[1] **2018**	Restated[1] **2017**	Restated[1] **2016**	Restated[1] **2015**
Other data:	(£'000, unless otherwise indicated)				
Commercial revenue	275,093	275,835	275,521	268,667	197,565
Analyzed as					
Sponsorship revenue	173,010	172,982	171,530	171,329	165,913
Retail, merchandising, apparel & products licensing revenue	102,083	102,853	103,991	97,338	31,652
Adjusted EBITDA[4]	185,789	176,804	199,848	192,208	120,980

（2019）

26.7%

16.3%

17.7%

38.5%

ライセンス料にはMD等のグッズ売上を含む

■ スポンサー料　　■ ライセンス料
■ 入場料等　　　放映権料

図2-8　マンチェスター・ユナイテッドの収入割合
出典：マンチェスター・ユナイテッドのアニュアルレポートより（円グラフは筆者作成）

　広告料と入場料収入の割合ですが，アメリカは1:2。それはホスピタリティルームなど，高いチケットが売れる施設が完備され，シーズンチケットのチケットホルダーの比率が高い，またリセールスマーケットができ上がっているという理由が考えられます。日本に比べるとダイナミックプライシング[3]などが普及していて，それらを含めて入場料収入の割合が高くなっているのでしょう。

　それ以外に売上の多角化では，アリーナを自分たちが行政から借り受けて直接運営するというもの。B.LEAGUEでは大阪エヴェッサがそのスタイルで，億単位でアリーナの売上を確保しています。規模の大きなコンサートを開催するとかなりの収入になるようです。

3）試合日程，席種，市況，天候などに関するデータ分析をもとに，試合ごとの需要予測を行い，チケット価格を変更し販売する仕組み。

■ リーグ別の収支構造

Jリーグ（2019年度）と B.LEAGUE（2018年度）の収支構造を見てみましょう（図 2-9）。

B.LEAGUE は約半分がスポンサー収入で，Jリーグも 45 % ぐらい。大きな差があるとすれば，Jリーグは DAZN から高額の放映権収入が入りましたので，「配分金」が B.LEAGUE の倍以上。その他の収入は多角化されていますが，サッカーの場合は選手の移籍金も大きな収益となることがあります。

香川真司選手は宮城のフットボールクラブや大阪セレッソに在籍しました。クラブが 18 歳以下の選手のその後の成長に貢献した場合に得られる，連帯貢献金制度があります。若い選手を育てて，その選手が成長して移籍金が入れば入るほど，過去に育てたそれぞれのクラブは一定の割合で移籍金の一部が受け取れます。育成に力を入れるのもクラブにとっては大事なことなのです。

■ クラブのマーケティング

マーケティングでは，これまでお話をしていることと同じですが，チケットシステムはマーケティングのデータベースです。チケットを売るだけのシステムではありません。また観光・旅行業界との連携が必要となるでしょう。

スクールやファンクラブ，EC はアパレル業界との連携をしっかり取り組まなければなりませんし，飲食・物販もそうです。そこでどれだけ売り上げを得られるかはとても重要です。

2021 年 4 月に沖縄アリーナの柿落としがあります。琉球ゴールデンキングスが深く関わって建設されたアリーナです。琉球の社長の木村達郎さん（2021年 4 月当時）は NBA 全クラブのホームアリーナのことが頭に入っているというほどの「アリーナの達人」。新アリーナ建設現場の近くに部屋を借り，日々工事の進捗を見守っているようですが，今はアリーナでの飲食や物販のことを一生懸命考えているそうです。

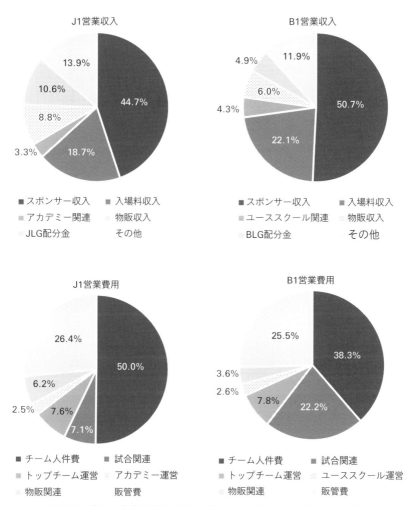

図 2-9　収入と支出の内訳（J リーグ：2019 年度・B リーグ：2018 年度）

本章のまとめ

　スポーツ関連の仕事をしている，あるいは目指す人にとって，リーグやクラブのビジネススキームを理解しておくことは必須です。B.LEAGUE は中長期計画を策定，2026-27 シーズンより新 B1 構想を打ち出しています。各スポーツ団体は明確なビジョン，できる限り定量的な目標を掲げて組織を動かしていく必要があるでしょう。それこそがスポーツの産業化，とりわけコンテンツホルダーの生産性向上に繋がるものと考えています。

3 ソフト・ハード一体経営

── 日本のスタジアム・アリーナはまだまだ二流

1 プロスポーツビジネスのあれこれ

　プロリーグやクラブは，協賛いただく企業の事業内容に合わせたアクティビティを考えていくことが重要です。企業の希望に沿ったアクティビティを実現するにはそれなりの体力を要するので，JリーグやB.LEAGUE本体でもせいぜい5〜10社ぐらい，それがスポンサーに満足していただき，共存共栄のメリットを出していける合理的な数ではないでしょうか。スポンサーのニーズを深掘りすることにより，数千万円〜数億円単位の協賛をいただけるように努めたいものです。

　イングランドのプレミアリーグでは，『Barclays』という大手金融グループがタイトルパートナーとなっていました。プレミアリーグの価値が高ければ，Barclaysがパートナーを降りても，また別の大手企業がスポンサーに名乗りを上げます。一方，地方で小口のスポンサーを集めてクラブを立ち上げようとするなら，リスク分散の意味も含め，小口のスポンサードを積み上げていく方法しかないのかもしれません。

■「開放型」と「閉鎖型」

　CHAPTER 2では，「開放型」「閉鎖型」というリーグ構造についてお話をしました。MLBやNBAのように昇降格がないのが閉鎖型，欧州サッカーの

ように昇降格を採用しているのが開放型と理解していただいていると思います。

日本のプロ野球は閉鎖型です。歴史的に学生野球を中心とした構造ができ上がっていたことで，プロ（セ・リーグ，パ・リーグ）に所属するチームに競技の普及や育成に対する（リーグやチームの）貢献意識が低いままだったのでしょう。しかし，少子化や他競技のプロ化に伴う意識・環境の変化により，今後プロ野球の姿勢，取り組むべき点については転換が起きてくると思います。

ヨーロッパでは多くの競技が昇降格を採り入れています。なぜなら，グラスルーツというべき地域クラブの中のトップクラブがプロリーグに参入する仕組みになっているからです。

だから，ヨーロッパではクラブが自前でユース世代の選手を育ててトップチームに供給します。「ボスマン判決」[1]が出てからは移籍金が自由に取れる時代ではなくなりましたが，育成費用を移籍金で賄う形もあります。

アメリカではプロはプロとして割り切り，「リーグは運命共同体」という考え方が浸透しています。人材を育成しプロへ供給するのは，プロチームではなく高校や大学だという考え方です。他の環境で育ってきた有望選手たちは，ドラフトを経て入団に至ります。ドラフトはリーグが運命共同体であることを前提として，戦力均衡を図るための制度なのです。

その狭間にある日本ですが，サッカーやバスケットボールでプロリーグ，プロクラブが発足し，クラブライセンス制度がしっかり備わったこと，S 級・A 級といった NF（JFA や JBA など）公認の指導者ライセンス制度が確立したこともあり，クラブがユース世代を指導育成するようになりました。より良い環境を求める子どもたちは，学校の部活ではなく，プロクラブのユースチームを目指す傾向が出てきています。

---

1) 1995 年 12 月，欧州司法裁判所で出された判決。ヨーロッパ連合（EU）加盟国の国籍を有するプロサッカー選手が，契約満了に伴い EU 域内の他のクラブへ移籍する際，自由な移籍が保証され「移籍金によるビジネス」が難しくなったと言われている。

　JリーグではクラブがそれぞれU-15，U-18を持って育成し，選手をトップチームに上げて行く。自分たちのトップチームに上がらなくても，他クラブのトップチームに入団することもあり，その際はトレーニング費用（育成費用）を得ることができます。あるいはユースから大学に進学してサッカーを続け，その後トップチームに戻ってくるケースなどさまざまです。指導者だけではなく，良い施設（天然芝のグラウンドやクラブハウス等）があり，時にはトッププロと一緒に練習ができる。そこに魅力を感じる子どもたちが増えているのです。

　B.LEAGUEもその方向性ですから，今はドラフト制度を採り入れていません。選手は自前で育てるもの，という考え方があるからです。

■ユース育成とドラフト制度

　野球は設立の経緯があってプロとアマチュアの接点が少なく，プロがアマチュアの選手を教えるのはご法度でした。長嶋茂雄さん，一茂さんのように親子であっても教えてはいけない，そんな時代がありました。

　また，リトルリーグなどはありましたが，公園や校庭で（とはいえ今はボール遊び禁止が多い）野球をする場合は「パパコーチ」が多い。指導者資格（ライセンス）など関係なく，「走れ，振れ」と声を掛けている姿を見ると，きちんと資格制度のあるサッカーのほうが優れているな，と考えてしまいます。

　ただし，プロ野球でも，近年はユース世代を気にかけ，育成に力を入れ始めています。今後はその方向に行くのだろうと思いますが，そうなるとドラフト制度との兼ね合いをどう考えればいいのか。球団が自分で育てた選手たちもドラフトの対象になるのか，など難しい問題に直面するかもしれません。

　B.LEAGUEもドラフト制度を採り入れようと考えたことがあります。なぜならドラフトは盛り上がるイベントの一つだからです。河村勇輝選手（福岡第一高校）という，高校バスケットボール界のスターがいて，彼は特別指定選手として三遠ネオフェニックスに入団し，「高校生Bリーガー」として脚光を浴びました。東海大進学後も同じく特別指定選手として横浜ビー・コルセアーズ

への入団が発表されています（その後大学を退学して横浜とプロ契約を結んでいます）。当然，メディアに取り上げられる機会が多く，アウェーの試合でもファンが観に来ますから，相手クラブにもメリットがあり，リーグとしてもさまざまなサポートを行います。もし，ドラフトがあれば，「河村選手はどこにドラフトされるのだろう」というストーリーができ上ります。

　高校生の全国バスケットボール選手権である「ウインターカップ」は，決勝戦では1万人ぐらい集客できるほど人気があります。これまでも注目選手はいましたが，選手の多くは大学を経てプロ入りするため，大学時代の経歴が意外と伝わりません。一部の熱心なバスケットボールファン以外は，選手が大学に入ると関心が低くなってしまう。そこで，B.LEAGUE でも「ドラフトをやる」というアイデアがありましたが，一方で，クラブが自前で育成した選手との兼ね合いをどうするのか，という問題が潜んでいます。

2 スタジアム・アリーナ改革

　第2回の講義（CHAPTER 2）で，競技別収益特性のお話をしました。その時には触れませんでしたが，個人競技であるプロボクシングなどの格闘技やテニスプレーヤーはどうなのでしょうか。基本的には1対1の対戦であり，観客はその試合を観るために高額のチケットを購入します。団体競技と違って，2人の対戦に対して高額のチケット収入がありますから，強くなればなるほど選手年俸は高額となります。つまり，成功する選手の人数は少ないかもしれませんが，世界ランキング上位となると個人スポンサーもつくので，世界のスポーツ選手の中で長者番付に顔を出すケースがたびたびあるのです。

■施設キャパシティと観戦環境

　B.LEAGUE でコロナ禍前に1試合あたりの入場者数が4,000人を超えていたクラブは，千葉ジェッツ，川崎ブレイブサンダース，宇都宮ブレックスで，

それに近い数字となるとレバンガ北海道。しかし，今の箱の大きさでは入場者数の天井が見えていて，それぞれがホームアリーナを満員にしても，せいぜい約5,000人が限界です。加えて，今の日本のアリーナのほとんどは，そもそも体育館なので，くつろいで観戦でき飲食も充実しているVIP席やゆったりとしたラウンジがありません。コートサイドの高額なチケットを持っていても，優先的に利用できるような飲食のスペースがないなど，稼ぎやすい施設となっておらず，チケット単価を上げることが難しいのです。

サッカーでは浦和レッズなど一部のクラブでチケット単価が3,000円を超えているでしょう。カップ戦も含めたホームゲームのチケット収入を入場者数で割れば3,000円を超えていますが，多くのクラブは平均2,000円台でB.LEAGUEも同様です。もし，「稼げるアリーナ」でB.LEAGUEの試合を開催すれば，チケット単価を上げつつ，2倍程度の観客が見込めるのではないか。つまり，スタジアムやアリーナの重要性はこういうところにあるのです。

以前，川崎フロンターレのホームスタジアムはメインスタンドに屋根がなく，3,400人の収容でしたが，2015年に屋根付き6階建てのメインスタンドに改修されました。7,000人以上収容，カップホルダー・ひじ掛け・背もたれが設置されたのです。すると，1万6～7,000人程度だった入場者数は，2018年には2万3,000人程度まで増加しています。スタジアムが新しくなり，居心地の良い空間が提供されると観客は増えるということです。

経験則でいうと，既存のスタジアムやアリーナで入場可能数の8割程度の入場者がある場合，増席によって観客は増えています。ガンバ大阪もそうです。約2万1,000人収容，屋根なし陸上トラック付きの万博記念競技場で1万6,000人前後の観客を集めていました。これが4万人収容，屋根付きVIPエリア完備のパナソニックスタジアム吹田（陸上トラックなし）に移ると，2019年には2万7～8,000人程度の観客が来場するようになり，好カードであれば満員となります。

ビジネスの視点からは，施設のキャパシティ（収容人数）と観戦環境の質の

向上が重要。さらに重要なことが，その施設を自前で運営できるかどうかということです。

■ 施設運営権の重要性

　プロ野球の横浜 DeNA ベイスターズは，10 年ほど前，TBS から DeNA に株式譲渡され経営権が移行したチームです。そして最初に目指したことは，横浜スタジアムの事業運営権の獲得です。横浜ベイスターズ株式会社に資金を入れながら，友好的 TOB を成立させて横浜スタジアムの株を買い取り，事業運営権を取得しました。

　そして，東京オリンピック・パラリンピックでは野球・ソフトボールの試合会場になることが決まり，それに合わせて座席を増設しました。今はコロナ禍ですが，アフターコロナでは，増設分も含めておそらく満員になると思います。

　さらに顕著な例が北海道日本ハムファイターズです。年間 30 〜 40 億円と言われる札幌ドームの高額な使用料を毎年札幌市に支払っています。もし，その支出を自己投資に振り替えたとしたら……。加えてドーム球場だけが建っている景色ではなく，その一帯に宿泊施設や商業施設，マンションなどを備えたボールパークにしようと考えました。そこで，あえて北広島市という札幌市街から車で 30-40 分程度のところを候補地として打って出たのです。

　親会社や球団本体がスタジアムを運営しない代表格は，読売巨人軍＝ジャイアンツです。東京ドームは巨人の所有ではなく，株式会社東京ドームの持ち物です。東京ドームは，今年も都市対抗野球を優先し，その間はスタジアムをプロ野球には貸していません。巨人は何とかしたいと思っていたところ，三井不動産が東京ドームを TOB にて子会社化。これは，スポーツ界の一つの大きな事件だと思います。

　今後どのように展開していくのかわかりませんが，SoftBank 然り，楽天然り，プロ野球にも施設運営権を自ら持って運営する球団がかなり増えていま

す。2004 年に近鉄バッファローズが脱退をほのめかし，12 球団の維持はどう
なる⁉ となった際，楽天が手を挙げました。12 球団を維持しましたが，その
後は従来の電鉄系や新聞社などメディア系の親会社ではなく，IT 系企業を親
会社とする球団が増えました。そして，施設運営権を持ち，スタジアム利用の
自由度が上がったことで，結果として，プロ野球の人気は上昇しています。

　日本のプロ野球の一試合あたりの平均入場者数は約 3 万人。メジャーリーグ
ベースボール（MLB）とほぼ同じ人数です。売上は大きく異なりますが，相変
わらず野球人気の高さを証明しています。

■夢のアリーナの実現

　2015 年 10 月 1 日にスポーツ庁が発足しました。同年 9 月 15 日に
『B.LEAGUE』という名称が決まり，記者会見を行いましたが，掲げたミッ
ションの三つ目を『夢のアリーナの実現』としました。ここがスタジアム・ア
リーナ改革のスタートだと考えています。

　私は，サッカー界からバスケットボール界に転じましたが，アリーナ改革の
実現がなければ B.LEAGUE は絶対に伸び悩んでしまうと考えました。ニーズ
はあるのに箱の大きさが壁となって入場者数が頭打ちになるわけですから，そ
れは当然です。

　夢のアリーナを実現していこうと言った後に，スポーツ庁がスポーツ産業の
成長に関して「5.5 兆円を 15.2 兆円にしていく，その 1 丁目 1 番地はスタジア
ム・アリーナ改革から」と提言しました……B.LEAGUE の発想と同じと言え
そうです。

　それはスポーツの成長産業化の大きな柱であると同時に，従来の固定観念や
前例主義からのマインドチェンジ。基本は競技者のための施設ではなく，観客
のための施設にしようということが一番大きな変化だと思います。

■ スタジアム・アリーナの改革指針

　従来の施設は競技者のための施設でした。「○○陸上競技場」と命名されていますが，2010年より前に，Jリーグでは規約から「競技場」という名称をすべて外し「スタジアム」に変更しました。B.LEAGUEの規約も同じく，「体育館」ではなく「アリーナ」としました。

　ただ，どうみても従来のイメージを払しょくできない施設が多いのが現実です。今でこそ激減しましたが，B.LEAGUEのスタート当初は「土足厳禁」「飲食禁止」というのが当たり前の施設も。トイレが和式，飲食ができない施設は今でもあり，観客の立場に立っていない。そこを変えようというのが改革指針です（図3-1）。

　日本のスポーツに対する歳出の多くは，国民体育大会に使われてきました。戦後の国民に希望と勇気を与える目的で行われた国体は，全国巡回を終えた時にいったん役割を終えたのだと思います。しかし，その後も継続していて，開催地では体育館や陸上競技場が整備されています。でも，広さや大きさを求めるあまり，決して立地の良いところばかりではなく，その施設だけが建っていることも……そこで，行政主導ではなく民間活力を導入することで，「郊外立地」を「街なか立地」にしよう，低収益性を改善しよう，となります。収益利回りは「8-10％は欲しい」という声を聴きますが，アリーナでは普通は無理な話で，よほどの好立地，東京ドームや横浜アリーナのようなところでなければ難しい数字です。

現状		目指す姿
単機能型	→	多機能型
行政主導	→	民間活力導入
郊外立地	→	街なか立地
低収益性	→	収益性改善

図3-1　スタジアム・アリーナ改革指針

出典：スポーツ庁「スタジアム・アリーナ改革について」（2019年11月）より

　根本的な指摘として，低収益のコストセンターから収益性の改善を目指さなければいけません。そのためには，数千人から数万人の観客を収容できる施設を造り，スポーツ観戦を主な目的とした施設のことをスタジアム・アリーナと呼びましょう，というところから始めるということです。

　地域のシンボルであること，新たな産業の集積を目指すこと，スポーツの波及効果を利用した街づくり，地域の持続的成長に寄与することが，スタジアム・アリーナ改革に伴う地域への効果だと思います。

■観るための施設で地域貢献

　スタジアム・アリーナという観る施設と，地域住民利用の施設（体育館や競技場）とを区分し，観客の利便性やチームの営業活動を重視することが重要です。もし，クラブが指定管理を含めた施設運営権を取得できれば，スタジアム・アリーナに掲出されている広告も自分たちの収入となり，命名権等も収益につながります。例えば，アメリカのスポーツ施設でよく見る「LEXUS ROOM」のような VIP 専用施設の命名権も要検討です。

　観客が観るための施設と市民に開放される施設はどちらも重要ですが，これまでは管理運営の手法が同じでした。そこを変えていく必要があるのです。

　従来は自治体が建設・管理しているために，公的負担の軽減や公共性の確保に過度な比重があります。例えば（プロクラブの）京都ハンナリーズが，自治体にこの施設で試合をしたいと言っても，当初はアマチュアスポーツ同様に「抽選に参加してください」となる。そこは各クラブが行政と良好な関係を築くことで解消に向かいます。B.LEAGUE では 8 割以上のホームゲームをホームアリーナで開催しなければ B1 ライセンスを取得できません。そこでクラブと行政がコンセンサスを取るのです。

　都市対抗野球に譲る時もありますが，巨人は基本的には東京ドームで試合をします。高校野球に利用の優先度で負けるかもしれませんが，阪神は甲子園球場で試合をします。それに比べると，京都ハンナリーズは，大手を振ってハン

ナリーズアリーナ（京都市体育館）で B.LEAGUE の試合開催ができているかというと，そうではない時もあるということです。

　にぎわいの創出や持続可能な街づくりの実現など，スタジアム・アリーナ建設は投資以上の効果を地域にもたらします，ということ。施設単体の採算ではなく，地域に対する経済効果が重要な要素となるのです。

■「国」「地方」と「クラブ」の連携

　現在，長崎にホームを置く J リーグの V・ファーレン長崎は，親会社のジャパネットたかたが長崎駅徒歩 10 分のところにスタジアムを建設中です。アリーナやホテルなどを併設する予定で，「街づくりも含めて考えよう」というモデルケースとなるでしょう。事業方式や資金調達の検討を通じ，施設・サービスの充実・向上に繋げていくことが重要です。

　民間活力を活用した事業方式，資金調達方式の導入を考えると，スタジアム・アリーナの新築や改築，改修には多額の資金が必要になります。民間活用による多様な事業方式（PFI，コンセッション，公設民営など），資金調達もさまざまな方式が考えられます。

　スポーツで稼いだ収益を，スポーツに再投資する，あるいは地域経済とスポーツ関係者が連携しつつ投資を考え，自立的な成長を遂げるための資金循環システムを実現することも重要でしょう。

　スタジアム・アリーナの整備だけが目的化することなく，運営・管理・効果を想定した構想・計画・整備を重視しなければなりません。そのために調査費が予算措置されます。

　一例として，京都市北山地区にアリーナ的要素を持つ体育館の建替えをどう実現していくか，それが京都ハンナリーズのためということではなく，府民や市民の利益になるかどうかの調査ができるようになりました。

　実際には，いわゆる公や官だけではなく，コンテンツホルダーや運営管理の専門家の意見を反映させることが重要です。その好事例として，先日，沖縄市

で琉球ゴールデンキングスの新アリーナが柿落としされましたが，どのような
アリーナにするのかという構想・計画段階からクラブがアドバイザーに就任し
ています。その結果，コンテンツホルダーが必要と考えるものをアリーナ建設
に盛り込むことができました。

　ただし，自治体の予算を使う以上，地元の議会を通さなければなりません。
沖縄アリーナはゴール裏にラウンジがあり，また他の場所にある個室でも食事
をしながら観戦できるようになっています。議会では「なぜ多くの個室が必要
なのか」と質問されたのですが，「防災拠点としての機能を果たすにあたり，
例えば妊婦やプライバシーを保護しなければならない方もいますから，それら
の方々のことを考慮すれば個室がたくさんあったほうが使い勝手が良いし，水
回りも充実させておきたい」と回答したところ，反対派も黙ってしまったそう
です。

　スタジアム・アリーナ改革でスポーツの価値を最大化するために意識すべき
ことは，「1. 地方公共団体」「2. スポーツチーム」「3. 国」それぞれの観点で
しょう。

　B.LEAGUE のレギュラーシーズンはホームゲーム 30 試合。プレーオフに出
場したとしても，ホームゲーム数は 40 試合に届きません。ただし，逆に言え
ば 30 数試合分は利用予定が決まっているということで，持ち主にはありがた
いことです。前日練習や，プレシーズンマッチを行う可能性，あるいはオール
スターゲームの招致に成功するかもしれませんし，日本代表の試合が開催され
ることもあるでしょう。

　先ほど琉球の例をお話しましたが，可能な限り，スポーツチームが必要とす
る要素を反映させて計画・設計・建設しなければならないことは明らかでしょ
う。ビジョンや VIP ルームのように，スポーツチームが事業上必要とする施
設が行政にとっては不必要な施設に見えてしまうことはありますが……。そし
て，運営面においても，観るスポーツの価値が発揮される制度の見直しが，地
方公共団体の役割としてあります。

行政に対してスポーツチームが施設の新設や改修を働きかけても、「どうして一つの競技のために税金を使わなければならないのか」という反対意見が出ます。そこで、スポーツチームは、スタジアムやアリーナの公共的価値を説明しなければなりません。つまり「このチームは地域にとってなくてはならない存在だ」という理由づけが求められるのです。

　アメリカでは、大学とプロスポーツチームのある都市はステータスが高い。もし、プロチームが受け入れられないとなれば、「別の地域へホームタウン（フランチャイズ）を移転します」となりますし、「ぜひ我が街へ」と招致する都市が出てきます。

　「アリーナの建設が無理なら、他をあたります」となった時に、引き留められるかそうでないのかは大きな分かれ目。スポーツチームが「残ってください」と言われるような公共財になっているかどうか、自分たちが試合を観せるだけではなく、地域の社会的課題の解決に向けて、きちんと役割を果たしていけるのかどうかはとても重要となります。チームを運営するのが株式会社であっても、公益性は極めて高くなります。国や地方公共団体が「ここにスタジアムを造りたい」と検討し始めた時に、解決策を具体的に整理し提示します。

　都市公園法というものがあります。ここで火を焚いてはいけませんと言われてしまう。建前はそうですが、国土交通省に確認すると、それらは個別のニーズに合わせることができます、という回答を得られることがあります。自治体の担当者に聞くと「国交省から禁止だと言われています」と回答され、たらい回しされることもあるのですが、まずは確認が大切です。例えば、カシマサッカースタジアムの周りには、試合の時にたくさんのお店が並びます。冷えた焼き鳥やもつ煮込みではありません。温かい料理が出てきます。これは条例のみに縛られていて、都市公園法の規制がなく、地元消防署に火を使う許可を得ているからです。

■スタジアム・アリーナ推進官民連携協議会

さて，改革指針に関するこれまでの取り組みですが，「スタジアム・アリーナ推進官民連携協議会」というものがあり，ガイドラインを作成しました。改革指針を公表し，先進事例形成の支援を行っています。

この協議会の役割は一定の評価を受けています。ただ，スタジアム・アリーナの新設を推進していくには，資金の出し手や事業運営のリスクテイカーがいなければ，計画は前進しないものです。

アリーナは，リスクテイカーがいるかどうかでほぼ決まります。一方，スタジアムはリスクを取るにしても，黒字化はなかなか難しいのが現実です。メンテナンスに経費も労力もかかる天然芝では稼働率が悪く，全天候型のスタジアム建設は多額の建設コストを要するため，黒字化のハードルは高くなってしまうのです。

新国立競技場には屋根は付きませんでした。その隣の秩父宮ラグビー場と神宮球場は，今の場所を入れ替えながら建て替えを行います。その時に，一部の批判はありますが，ラグビー場は人工芝を敷き詰め，東京ドームのように屋根付きで，2万5,000人前後を収容できるスタジアムになる予定と聞いています。全天候型で立地の良さからコンサートなどの需要も増えて，間違いなく稼働率が上がる，つまり儲かるでしょう。

日本経済新聞の取材に私が答えたものですが，ラグビーの代表ビジネスは100億円規模まで拡大できる可能性を感じます。そのためにも新スタジアムの事業運営はラグビー協会自らが行うべきでしょう。

官がさまざまな整備をしたとしても，それを使いこなす民間の力や度量がなければ，アリーナ建設は実現しないかもしれません。運営をコンテンツホルダーが実施することがありますが，周辺との一体開発として大手デベロッパーが主体となって計画を遂行するケースもあるでしょう。千葉ジェッツの新アリーナは，ミクシィ（クラブの経営主体）と三井不動産が共同で，素晴らしい施設を造っていくのだと思います。

■収益拡大への取り組み

　1993年のJリーグ開幕時には，ナイター照明設備を備えた1万5,000人以上収容のホームスタジアムがあることが入会条件とされました。当時，関西にはナイター設備を有するサッカーの試合会場がなかった時代です。Jリーグ開幕にあわせてようやく万博記念競技場にナイター照明が設置された経緯があります。それからまだ30年も経っていない時代です。

　その後，屋根の必要性やトイレの必要数をクラブライセンス制度に織り込み，現在では理想のスタジアムの条件として，ビジネスラウンジやスカイボックス，さらには大容量高速通信設備を備えることを提唱するとともに，アクセス性に優れていることを求めるなど，常に快適なスタジアムを追い求める姿勢を崩していません。

　一方，アリーナ競技であるB.LEAGUEでもスイート・ラウンジをきちんと定義するとともに，2026年スタート予定の新B1基準充足の必須要件として採用しています。

　図3-2に，スタジアム・アリーナをどのように収益拡大する方法があるのか，スポーツ庁が公表した資料をお示ししますので参考にしてください。

図3-2　収益拡大への取り組み事例

（1）高額な席・ラウンジ・企画席の導入
■ラウンジ・クラブ
○クラブシート：諸外国では広く浸透。専用ラウンジやバー，レストランにアクセスできる高級席
○2009年に開場したヤンキースタジアムには，全7種類のクラブシートが設置され，クラブシートの座席数だけで約4,000席（スタジアム全座席数＝5万2,325席の1割弱　※旧スタジアムに比べ全体で3,000席少ないが，ラグジュアリーシートの数は3倍）
→2008年に約1億7,000万ドルだったチケット収入は，2009年は約2億3,600万ドルに増加

■レストラン
○ベニュー内にレストランを設け，試合のない日にも営業。試合日には開始数時間前，終了数時間後まで営業し，飲食代収入は大きい

■スイート席・ボックス席（個室）

○従来から存在する VIP 用個室。近年は縮小傾向だが単価は高額
○年間売りだけではなく，試合毎に個別売りをしているケースもある

■企画シート
○比較的売れ行きの悪いエリア・単価の低いエリア・それまで客席がなかった席を企画シート化
○そのシートでなくてはもらえないグッズの配布や命名権の導入

（2）メイン競技以外のイベント開催
■その他の競技
○野球場でのサッカー開催のような比較的一般的なものから，野球場でのスキージャンプ，アリーナでのボートなどの奇抜なものまで

■コンサート・展示会
○地域内では最も集客できる施設として，スポーツ以外のイベントをライブハウス・コンベンションセンター的な役割として開催
（例えば福岡ヤクオク！ドームは九州一番のランドマーク的存在となっており，九州域内を代表する様々な展示会やイベントが実施されている）
○スタジアム内のアリーナ部分を使うのではなく，例えば前述の会議室のみの使用やラウンジのみ，コンコースのみの使用などの部分貸しを行い，収益の向上を図っている

■スタジアムツアー
○１年を通じて試合のない日だけではなく，試合日にも複数回開催。その土地の観光名所としての立ち位置（米国ではおおよそ 15 ＄以上。クラブのミュージアムと併設している例も多数。連日多くのファンが参加）
○子どもたちの社会科見学をスタジアムで行うケース，団体見学を受け付けるケース，誕生日等の記念ツアーを設けるケースもある

（3）ベニュー内施設活用
■会議・セミナー
○スタジアム内に多数の部屋があり，地元の一般企業等が会議やセミナー開催に使用

■結婚式・パーティー
○前述のクラブ・ラウンジを一般利用に開放。数百人規模で開催可能

（4）複合化
■バー・レストラン
○ベニュー内もしくは隣にバーやレストランを設置し，飲食収入の拡大を図っている。
その日はベニュー内で観戦しないファンも飲食しながら観戦するために球場周辺に集い，大画面で観戦を楽しむ

■ショッピングモール
■ホテル・住宅
■スポーツクラブ
■大学・チア教室など各種スクール
■病院（介護施設）
■託児所・保育所

（5）命名権の工夫
■細かなネーミングライツ
○球場名はもちろん，入場ゲートやクラブ，デッキエリアなどに命名
○大学では通路，ベンチなどにも細かくネーミングライツを設ける例もある

■クラブ・ラウンジ・シートの命名権販売

■球場建設時からのスポンサー確保
○スタジアム建設時からネーミングライツを取得する企業を選定し，企業の要望に応じたボックスシートを建設する，モニュメントを設けるなど

（6）その他の取り組み
■ファンゾーンの活用
○駐車場を使っての試合前のバーベキュー（tailgate party），球場内には滑り台，バッティング体験やスピードガンなどの各種アクティビティ，ゲーム，音楽や子どもの遊技場などを設置し，試合の前後はもちろん試合中も楽しめる場所を提供

■スタジアム内飲食店の混雑状況管理システムの導入
○専用アプリを用いて，飲食物のデリバリーの他，スタジアム内販売店舗の混雑状況を配信

■ POS（Point of Sales）システムの導入
○ POSシステム導入により，マーケティング分析を基礎とする効果的な販売が可能

■有名店舗の導入
○ベニュー内に地元の人気店舗に出店してもらい，飲食収入の最大化を図っている
○地ビールの販売も行うなど，「球場名物」の飲食物を確立させている

出典：スポーツ庁「スタジアム・アリーナ改革ガイドブック（第2版）」をもとに作成

　その他の取り組みとしては，ファンゾーンの活用や飲食物のデリバリー，POSシステムの導入などがあります。これらはベンチャー企業が積極的に取

り組んでおり，スポーツテクノロジー（スポーツテック）の世界です。席にいな
がら飲食の注文ができ，そのまま席に届く……以前，電通主催のスポーツテッ
クに出席しましたが，入れ代わり立ち代わり，さまざまな国の企業の担当者が
登壇しプレゼンをしていました。「なるほど，こんなことが可能なのか」と，
新しい発見があったことを覚えています。

■運営・管理形態

ここでは四つ紹介します。（図3-3）

「モデル①」は東京ドームや Zepp ホールです。複数施設を所有・運営する
場合，標準化が可能で，効率的運営が可能となります（図3-4）。

「モデル②」の代表例は「札幌ドーム」。所有は札幌市で，運営は第3セク
ターである株式会社札幌ドームが行います。コンテンツホルダーはプロ野球の

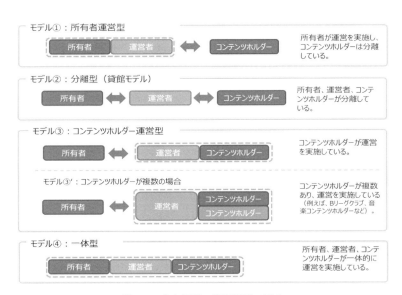

図 3-3　主な運営・管理形態モデル

出典：「スタジアム・アリーナ運営・管理計画　検討ガイドライン」（平成 30 年 7 月）スポーツ庁 HP より
　　　［図 3-3 〜 3-8］

○ 国内複数箇所にあるホールの機能、照明・音響設備等の仕様を統一し、アーティスト等ホール利用者への負担が少ない、効率的なライブ運営を可能にしている。
○ ㈱海外需要開拓支援機構（クールジャパン機構）の支援（最大50億円の出資）を得てアジア広域でのライブホール展開を開始。

概要

○ 音楽業界大手の㈱ソニー・ミュージックエンタテインメントのグループ会社である㈱Zeppホールネットワークが所有、運営・管理する民設・民営のライブホール。
○ 札幌、東京、名古屋、大阪の国内計6会場、及びシンガポール1会場で展開。2,000～3,000人規模の収容。
○ 今後、福岡、横浜（運営業務受託）、台北、クアラルンプールで開業予定。

収益向上のポイント

○ 国内既設の6施設は規模と基本仕様が統一されており、アーティスト等ホール利用者の搬入搬出（ロードイン＆ロードアウト）が容易。
○ 利便性の確保や効率的なホール利用（全国展開が容易）を実現し、稼働率を高めることで収益を確保。

● Zepp DiverCity (Tokyo)

● Zepp Tokyo

出典：㈱日本経済研究所による撮影

事業スキーム図

Zeppホール	→施設整備、維持管理・運営→	㈱Zeppホールネットワーク	→床・設備貸し→ ←利用料→	利用者

運営・管理者	㈱Zeppホールネットワーク
所有者	㈱Zeppホールネットワーク
施設名	Zeppホール

図 3-4 『Zepp ホール』モデル①：所有者運営型

○ 野球場とサッカー場を両立させたスタジアムであり、アンカーテナントである北海道日本ハムファイターズと北海道コンサドーレ札幌のホームスタジアムとして、高稼働率を実現している。
○ 完全屋内スタジアムとしてスポーツだけでなく、コンサートなど幅広い用途で利用可能。

概要

○ 北海道日本ハムファイターズ（プロ野球）と北海道コンサドーレ札幌（J1）のホームスタジアム。
○ サッカー用天然芝と野球用人工芝を併用した、屋内スタジアム。

収益向上のポイント

○ プロ野球・Jリーグチームのホームスタジアムとなることで、高稼働（計90試合程度／年）・高単価を実現。
○ 天候に左右されない完全屋内スタジアムとしてコンサートや他のイベントも多く誘致。5大ドームツアーの1会場として定着。
○ 運営・管理者は、広告収入・飲食売上の大半、グッズ売上の30％を収入とするなど、多様化した収益源を確保。
○ 土地及び建物の所有者が札幌市のため、運営・管理者は、減価償却費、固定資産税、大規模修繕費等の負担不要。

● 札幌ドーム

出典：（上・下共に）札幌ドーム公式HPより

事業スキーム図
【指定管理者制度】

※札幌市と地元企業の出資による第3セクター

札幌市	→指定管理を付与→ ←事業所税、目的外使用料等←	㈱札幌ドーム※	→維持管理・運営→ 床貸→ ←利用料、グッズ等売上（歩合）←	利用者

運営・管理者	㈱札幌ドーム
所有者（土地・建物）	札幌市
施設名	札幌ドーム

図 3-5 『札幌ドーム』モデル②：分離型（貸館モデル）

○ 広島市と㈱広島東洋カープがフランチャイズ協定を結び、その協定に基づき、非公募で球団を指定管理者に指名している。
○ 球団興行に適した運営・管理ができるよう官民が連携して事業スキームを工夫している。

概要
○ 広島市が所有する市民球場で、広島東洋カープのホームスタジアム。球団が指定管理者として運営・管理。
○ 利用料金制度を採用し、プロ野球公式試合の入場者数に連動した利用料金を市に納付。
○ 球団の親会社であるマツダ㈱が命名権を取得。

●広島市民球場

出典:広島東洋カープ公式HPより

収益向上のポイント
○ 球団はプロ野球興行に必要な飲食物販施設、広告スペース等の使用許可を取得し、興行収入最大化を目指すことが可能。
○ 球団が専用利用する施設は球団が整備を行い、多様な座席設定やスポンサーシップの確保により高収益を実現。スポンサーシップマーケティングやフードサービス業務は、アウトソーシングを実施。

事業スキーム図【指定管理者制度】

運営・管理者	㈱広島東洋カープ
所有者（土地・建物）	広島市
施設名	広島市民球場

図 3-6 『広島市民球場』モデル③：コンテンツホルダー運営型

○ 1万人規模アリーナで、構想段階から音楽興行を主たる用途として整備し、8割稼働。
○ 市所有とすることで、減価償却費や固定資産税等のランニングコスト面で運営・管理者の負担が少ない。

概要
○ コンサート需要の高い1万人規模、かつ首都圏に立地、東海道新幹線停車駅の新横浜駅から徒歩数分という強みを活かし、高稼働率・高収益を実現。
○ 土地と建物は横浜市が所有。官民の株主から成る㈱横浜アリーナが整備後、市に施設を寄附。対価として45年間の経営権を掌握した。

●横浜アリーナ

収益向上のポイント
○ 整備費160億円のうち、資本金130億円、借入30億円。少数の企業が高額出資することにより、出資企業が積極的に経営に参加。
○ 運営・管理者が大規模修繕費を負担し、近年更に機能・サービスを向上させ、収益向上につなげている。

出典:横浜アリーナ公式HPより

事業スキーム図【負担付寄附】

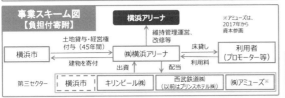

運営・管理者	㈱横浜アリーナ
所有者	横浜市
施設名	横浜アリーナ

図 3-7 『横浜アリーナ』モデル③：コンテンツホルダー運営型

○荒廃したダウンタウンの再開発計画の核として整備され、整備にあたっては市及び運営・管理者が資金調達を行いエリア全体を開発している。
○治安や交通機関からのアクセスが向上し、周辺には高層マンションが複数建設されるなど、官民が連携して地域・経済活性を実現している。

概要

○ Los Angeles Lakers (NBA) 等 4チームの本拠地として、バスケットボール、アイスホッケー、フットボールを実施のほか、コンサート等のイベントにより高い稼働率を有する。
○ 20,000人収容し、スイートボックス160室、クラブシート2,500席等を有する。

収益向上のポイント

○ スイートボックス、クラブシート等で、富裕層や企業からの収益を確保。
○ 周辺にコンサート施設、映画館、ホテル、ショッピング施設等を整備し、エリア全体が総合エンタメ空間となることで、地域で常に集客している。

公共との関係

○ 整備に当たっては、ロサンゼルス市は地方債や市の外郭団体からの補助金、コンベンションセンターの積立金転用で71.1百万ドルを調達し、残りは運営・管理者が調達した。

●STAPLES Center アリーナ、Hyde Lounge

出典：LA.LIVE 公式HPより

出典：STAPLES Center 公式HPより

運営・管理者	AEG
所有者	AEG
施設名	STAPLES Center

図3-8 『STAPLES Center』モデル④：一体型

日本ハムやJリーグのコンサドーレ札幌（**図3-5**）。

　「モデル③」では広島市民球場（MAZDA Zoom-Zoom スタジアム広島）、カシマサッカースタジアム、舞洲アリーナ、横浜アリーナなどが該当します。コンテンツホルダーが運営しますから、「何とか儲けよう」という発想で施策を考えますし、これは強みです（**図3-6、3-7**）。

　「モデル④」は所有も管理もコンテンツホルダーも一体になっています。日本では国技館がまさにその代表格です。米国STAPLES Center も同様です（**図3-8**）。

3　夢のアリーナ

　こういうアリーナの要件を満たせば、夢のアリーナになるというガイドラインをB.LEAGUE が作成したものです。「高付加価値化要件」と「安定運用要

件」がポイントです。「必須機能要件」というのは，今でも皆が守っている要件となります。

　そして，これが実現できたら 2026 年，B.LEAGUE が誕生して 10 年目を迎える時に，新 B1 への参加要件を充たすアリーナということができます。そのために，この「安定運用化要件」＋「高付加価値化要件」を取り込んでくださいということです。

■ 公共性の視点

　まず，「高付加価値化要件」からお話を進めていきます。公共性の視点から見ると，アリーナは地域の交流人口増大の起爆剤となります。例えば，アオーレ長岡という施設が代表的な施設で，ナカドマ（屋根付き広場）に多目的ホール・シアター，市役所などが併設されています。この多目的ホールのところでB.LEAGUE の試合が開催されています。人口約 28 万人の長岡市ですが，年間の利用者は約 130 万人におよびます。上越新幹線「長岡駅」から屋根付きデッキで結ばれており，雨に濡れることもありませんし，行政サービスを受けられる利便性の高い施設です。

　カシマサッカースタジアムは人口約 7 万人の鹿嶋市にあり，クリニックやフィットネスジム・レストランなどが併設されていて，年間 60 万人が利用しています。

　こういった利用を考えると，複合化がいかに重要かわかります。

■ 収益性の視点

　収益性の視点で見ると，アリーナ収益のベースは利用料です。一般的に「2割：8 割（パレートの法則）」と言われます。そこまではいかないかもしれませんが，スイート・ラウンジといった VIP エリアやコートサイド席などの高い席（全体の 2 割ぐらい）で，8 割とは言わないまでも 6 〜 7 割のチケット収入を稼ぐというモデルができるかどうか。

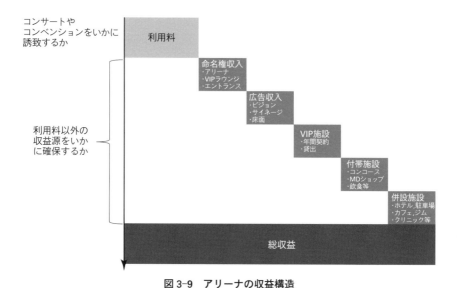

図 3-9　アリーナの収益構造

　あとは命名権や広告収入ですが，ここでビジョンの設置やサイネージがとても重要になります。従来の看板広告だけでは，スポンサーニーズに十分な対応ができません。

　VIP 施設の年間契約や貸出に加え，コンコースや MD（マーチャンダイジング）ショップ，飲食，さらには併設施設の収入などを加えて総収益になります。利用料以外の収益源をいかに確保していくかという観点から，アリーナ建設を検討することが重要となります（図 3-9）。

■ レガシーの視点

　レガシーの視点でいうと，運営機能の進化なくして夢のアリーナは実現しません。従来は，清掃・メンテナンス・管理といったオペレーションが指定管理業務であるとの考えでした。今はそうではなくて，イベント招致・企画，法人サービスや興行主・来場者サービスである IT サービスや運営支援などが大切だと考えられています。そのためには，プロモーターとのコラボレーションや

ホームクラブが運営機能に積極的に関与することによって，これらの機能を備えることが必須となってきます。

　高付加価値化要件こそが，体育館を夢のアリーナに変えるためには重要となります。真のレガシー実現レベルを先に決めて，トップダウンで考えていくべきでしょう。ボトムアップで考えると，お金がかかるからこの投資は止めようとなる。大事なことは，地域内外の住民・出資者・スポンサー企業・行政・興行者が何を望んでいるのかという，ヒト観点でアリーナを建設していくことです。

■ 安定運用要件～観客設備

　次に，「安定運用要件」についてお話します。まずは観客設備面ですが，観客席の設計はファンの満足度と，興行収益に直結します，ということです。

　シーホース三河は，大きな親会社があるという意味では企業チームで，収容人数3,000人ぐらいのウィングアリーナ刈谷をホームアリーナとしています。席の間隔に比較的余裕があり，詰めれば4,000人は入るのではと思わせるようなアリーナです。アウェーゴール裏の一番上段が最も観客が入りづらい場所なので，ここに掘りごたつ席を設けました。家族4人でこたつに入って試合を観たり（観てなかったり⁉），アウェーゴールの裏には，小さなモニターが付いた航空機のプレミアシートのような座席があるなど，いろいろな仕掛けをしています。

　一番良い席はベンチの向かい側の真ん中の席です。2人席，4人席，8人席があって，テーブルで飲食しながら観戦ができます。ホームのゴール裏は立見席で（今は声を出せませんが），ファンの一体感を盛り上げるような工夫をしています（コロナで中止している座席もありますが）。

　また，B.LEAGUE会場には座席番号表示とカップホルダーは必須で，例えば，京都ハンナリーズは（西京極の体育館で試合をしていますが），カップホルダー付ロールバック席を自前で準備するなど，各クラブそれぞれの工夫はとても良

いと思います。

　観客席は全体をすり鉢状にすることで臨場感・一体感を醸成します。どの席に座っても皆がコート中央を観られる，国技館のような建物が必要でしょう。

　次にコンコースです。これはアリーナでの集客やスポンサーアクティビティとしてのイベントを実施する他，観客・興行主・スポンサー満足度向上のために必要な設備です。アメリカなどでは当たり前のコンコースですが，日本では少ない。さいたまスーパーアリーナにコンコースはありますが，一周回って利用されているかといえばそうではありません。アメリカのアリーナでは，まず周回してみたくなります。

　東京都は調布市に「武蔵野の森 総合スポーツプラザ」を総工費350億円で建設しましたが，メインアリーナの入口部分が狭いし，コンコースは行き止まりとなっています。設計段階からもう少し工夫が欲しかったと言わざるを得ません。VIPエリアの運用要件は，収益拡大への取り組みの中で説明したとおりです。

■安定運用要件〜スポンサーシップ

　スポンサーシップの観点から安定運用要件を見てみましょう。ラスベガスにある「T-MOBILEアリーナ」は綺麗な照明に照らされて非常に目立っていますが，ハンナリーズアリーナは，その命名権の存在が外から見た時になかなか

命名権に価値のあるアリーナ

一方、国内は……

図 3-10　命名権活用の事例

認識できません（図3-10）。命名権を購入したスポンサーにとって大きな違い
を感じます。もちろん金額も大きく違うのでしょうが。

　横浜の日産スタジアムは，夜になるとコンクリートの塊が建っている感じが
します。ようやく青い照明が灯るようになり，日産スタジアムだとわかるよう
になってきました。

　IT活用も大切な要件です。サイネージ・ビジョンはもちろんのこと，
Wi-Fi設置も今や当たり前のこととなります。電子マネーの利用にもさまざま
な考えを採り入れるべきです。楽天生命パーク宮城では，楽天ペイなど完全
キャッシュレス決済となっています。

　他にも，情報端末やAR・VRの活用。今後ARイベントが頻繁に開催され
たり，アバターが登場するようになったりと進化していくことでしょう。カメ
ラネットワークもそうです。これらはテクノロジーの分野ですが，絶対的に必
要となります。

■ セキュリティとバリアフリー

　海外の国際大会では空港のような手荷物スキャンの装置が必ず置いてありま
すが，日本ではほとんどありません。平和だからかもしれませんが，セキュリ
ティに対する考え方の違いがあります。

　Jリーグでは，ユニバーサルトイレの設置をスタジアム検査要項に盛り込ん
でいます。医務室の設置については，アスリートの脳震盪や観客の急病などの
発生時には緊急対応が求められますから，その確保は重要です。

■ メディア・放送対応

　メディア・放送対応も忘れてはいけません。記者席がどこにあるのか。サッ
カーの国際大会などでは記者席が良い場所（見やすい場所）にあります。バス
ケットボールはそこまでではありませんが，記者のエリアをしっかり設け，
テーブルや電源，Wi-Fi設備を設けること。席数の目安として，B.LEAGUE

では通常10席以上，オールスターでは100席以上，国際試合であれば200席以上に定めていこうとしています。

　メディア用のエリアでは，カメラのポジションやコメンタリーブース，インタビュースペースなどにも配慮しましょう，ということです。

■バックヤード

　バックヤードの話をすると，B.LEAGUE はファイナルの会場として横浜アリーナを使用しましたが，スポーツ関係者からするとロッカールームなどに少し違和感がありました。本来はホームチームとアウェーチームが完全に分かれる導線にあるべきなのに，隣同士となりました。中間に審判の控室があり，サッカーならばリスク管理上あり得ない配置となっています。

　もともと横浜アリーナはコンサート仕様で，スポーツのことを気にせず建てているのでしょうか，ホーム＆アウェーは関係ありません。使用者側が考慮すべきなのかもしれません。

　ミックスゾーン，ここで監督や選手は取材を受けますが，バスケットボールの試合で使っている体育館仕様ではなかなか用意できません。本来はここにもスポンサーのパネルがあって，テレビやカメラに映り込むような工夫が必要です。欧米のプロスポーツでは当たり前のことが，まだ日本では実現できているとは言い難いのが実状です。

　テレビ中継車両のスペース確保，チームバス，選手バスの駐車スペースなど，必要なものはまだまだあります。控室だけでもチーム控室，審判控室，運営本部，運営控室，演者（チアリーダー含め）の控室，ドーピングルームなど。ドーピングは抜き打ちで検査します。そうしたスペースは確保していますか？となります。世界標準では当たり前ですから，そこまで考えなければならないのです。

　構造上の問題ですが，フロア面の搬入性や音響設備，照明設備，映像設備等々……沖縄アリーナの竣工前までは，ゼビオアリーナは日本有数のスポーツ

アリーナにふさわしい建物だと好評でした。それは，ゼビオアリーナはコンクリートの床で，音がよく聞こえる音響設備が備わっていることと関係しています。そうではないアリーナでは，音は大きくても MC の言葉がクリアに聞こえないことがままあります。

北海道の北海きたえーるは，床に余分なラインがありません。従来の体育館では他競技のラインをマスキングしてから使用するケースがほとんどで，思った以上に見苦しく感じるものです。

照明でいうと LED。LED だと ON/OFF の操作を繰り返してもすぐに点灯し，明るくなります。試合前やハーフタイムのショーの要素として暗転を採り入れることが多いのですが，LED でないと対応が難しくなりました。

映像装置，駐車場，緊急車両……サッカースタジアムは緊急車両がピッチに直接入れるようになりました。以前，救急対応が必要な時にそれができなかったことを教訓として整備が進んだのです。

本章のまとめ

J リーグ，B.LEAGUE に勤務していた時，たびたび海外出張をすることがありました。日本は食事もお酒も美味しいし，四季折々の景色は美しく，安心安全で温泉もあり，素晴らしい国だと気づきます。でも，スポーツ目線で見た時，特にスタジアム・アリーナという施設目線で見た時には違います。欧米の一流施設に比べると，日本のスタジアム・アリーナは残念ながら二流と言わざるを得ません。スポーツでも一流国になりたい。そのためにはスタジアム・アリーナ改革は待ったなしと言えます。

マーケティング II

4 デジタルマーケティングと メディアカンパニー

——————— デジタルマーケティングへの取り組みの遅れは致命傷

　今回はマーケティングの話がメインで，タイトルとしては「デジタルマーケティング」「メディアカンパニー」となります。加えて大事な話として，アジア市場をどう開拓していくのか，「アジア戦略」というテーマについてもお話をしたいと思います。

1 デジタルマーケティング

■デジタル戦略が要

　2016 年秋に B.LEAGUE は開幕しましたが，その 1 年半前（2015 年 4 月）に，運営組織が立ち上がりました。プロパー役職員の一人目として 2015 年 4 月に私が参画，二人目，三人目として葦原一正さん，新出浩行さんが 5 月から加わったのですが，文字通りゼロからのスタートを切りました。そこで議論したことが，

　「バスケットボール界の強みは何か」

　「どういうデジタル戦略が，従来のプロスポーツ（プロ野球や J リーグ）にない強みになるのか」ということです。

■ ターゲティング

　まずはマーケット分析。バスケットボールというのは，競技者登録数では世界一のスポーツで（ジョギングやウォーキングなどを除く），その数は4億5,000万人と言われています。2位がサッカーで3億人弱。日本での競技者登録数はサッカーに次いで2番目となります。2～3年前のデータになりますが，サッカーの競技者登録数が約90万人，バスケットボールが約60万人でした。昨今は，少子化に加えてコロナ禍という事情もあり，サッカーやバスケットボールに限らず，特に中学校の部活動が停滞中で，登録者数がやや下振れしています。ただ，サッカーとバスケットボールは，登録上90万人と60万人の差はありますが，中学高校の競技者数はさほど変わりません。しかし，社会人や大学生になると，それぞれの競技に関わる人の数に差が生じているようです。

　次に，バスケットボールの観戦意向がどれくらいあるのかをリサーチしたところ，競技経験者約260万人を含めて約700万人の観戦意向者がいるとわかりました。

　さらに詳細を調べていくと，野球やサッカーと比べて女性の来客比率が圧倒的に高いとわかりました。**図4-1**の円グラフの黒いところがバスケットボールです。10代（特に女性）は野球と変わらない比率となりますし，年齢層が上がってくると野球が多くなってきますが，これは実感として何となく理解でき

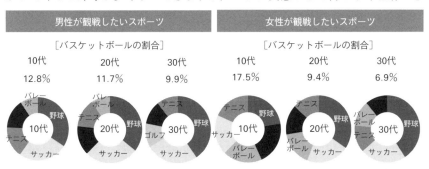

図4-1　観戦したいスポーツに占めるバスケットボールの割合（男女，年代別）
出典：総務省 2020 年に向けた社会全体の ICT 化推進に関する懇談会　スポーツ× ICT ワーキンググループ　第2 回（2015.11.6）資料をもとに作成

るところです。結論として，B.LEAGUE は若者や女性を観戦ターゲットにしよう，という方針を決めました。

■顧客データベースの構築

　ファンをたくさん集めてどのように誘致して来場してもらうかがポイントですから，B.LEAGUE の顧客管理システムとして，個人情報を有効活用できるデータマネジメント用のプラットフォーム（DMP：データ・マネジメント・プラットフォーム）の構築を進めました。その構築により，データ分析や比較，プッシュマーケティング，ナレッジの共有が可能となります。蓄積されたデータを活用することで，新規ビジネス発掘のチャンスに繋げようと考えました。

　B.LEAGUE 開幕時点において，デジタルマーケティングがどういう状況であったのかを見ていきます（**図4-2**）。

　Ｊリーグやセ・リーグでは，それぞれのクラブ・球団ごとにファンデータがあります。例えば，阪神タイガースのファンクラブにはどういう人がいて，ど

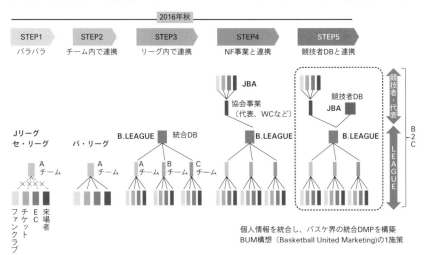

図4-2　データ・マネジメント・プラットフォーム

出典：総務省 2020 年に向けた社会全体の ICT 化推進に関する懇談会　スポーツ× ICT ワーキンググループ　第2 回（2015.11.6）資料をもとに作成

れくらい観戦に来ているのか，どういうグッズを直接あるいは EC でどれくらい購入しているのかというデータはありますが，チームごとにバラバラですし，顧客が名寄せされておらず，観戦に訪れた A さんと，EC でグッズを購入した A さんがイコールかどうか認識されていません。当時の J リーグも同じような状況（STEP1）だと思われます。

　パ・リーグは，セ・リーグに比べて集客や収益の面で苦戦していましたから，6 球団まとまって勝負しなければいけないという意識が高かったようです。チーム単位ですがファンクラブや来場者データ，EC のデータを把握するために名寄せして，6 球団全体で連携を図っています（STEP2）。

　では，B.LEAGUE はどうしたかというと，全クラブの顧客データを統合したデータベースにしました（STEP3）。そうすることでわかったことがあります。例えば，J リーグでは，ガンバ大阪のファンの方がセレッソ大阪の試合を"ついでに"観に行こうという行動はあまり考えられません。それだけクラブへのロイヤルティが高いといえます。

　一方，バスケットボールの場合。実は，愛知県には B.LEAGUE のクラブが四つあります（B1：名古屋ダイヤモンドドルフィンズ，シーホース三河，三遠ネオフェニックス。B2：ファイティングイーグルス名古屋）。ホームアリーナは名古屋市，刈谷市，豊橋市にありますが，どのアリーナに行っても会うファンの方がいます。要は，愛知でやっている試合を掛け持ちで観戦しているのだと思います。

　日本バスケットボール協会（JBA）は，プロやアマチュア，男女・年齢を問わず，すべてを統括しています。だから，日本代表戦や高校生のウインターカップ（WC）のチケットを購入して来場する観客と，B.LEAGUE に関心があるファンを名寄せできればとも考えていました（STEP4）。

　さらには，B.LEAGUE の観戦者と，競技者登録をしている人たち約 60 万人のデータを名寄せしたい（STEP5）と考えていましたが，そうすると約 100 万人規模のデータベースができあがります。世の中的にはそれほど大きな数字とは言えないかもしれませんが，バスケットボールをキーワードとした粘着性の

あるデータベースですから，バスケットボール関連のイベントやバッシュ（バスケットシューズ）などの新製品情報を顧客データベース経由でアプローチすれば，有効活用が期待できます。

　子どもたちは毎年1学年ずつ成長してきますから，10年経てば10歳上の層に移行します。そうなると，いろいろなデータを蓄積できます。

■データ蓄積の重要性

　Jリーグが始まる前の1991年にクラブを創設して，1993年の開幕当初から参加している10のクラブ（「オリジナル10」と称されています）が，2011年に20周年を迎えました。私がJリーグに転職したのが2010年ですが，当時，オリジナル10がそろそろ20周年を迎えるという時期でした。

　あるビッグクラブでは，スクール生が4,000人程度います。ちなみに，都市部のクラブでは，月謝＋ユニフォーム代などでスクール生一人あたり年間10万円程度を支払います。この生徒たちが10年経つと，Jリーグの顧客（観戦者）になることが考えられます。ファンクラブの名寄せが必要であることはこういうところでも明らかです。

　そのビッグクラブで創設20年が経過して記念イベントを企画すると聞いたので，「4,000人ものスクール生がいるのだから，歴代のスクール生に声を掛ければいいじゃないですか」と進言してみました。ところが，「いや，大河さん，古いデータが残っていないので……」との返事です。約20年間のスクール生のデータが残っていなかったのです。案内を出すのに住所もメールアドレスもわからない。そのような苦い経験があり，Jリーグではデジタルの必要性を感じるようになりました。

　プロ野球ではペナントレースに年間約2,600万人，Jリーグでも約1,000万人の観客が訪れていて，B.LEAGUEでも300万人を目指しています。2019-20シーズンはコロナ禍でリーグ戦は途中で中止となりましたが，300万人突破が十分想定できる進捗でした。であればこそ，顧客データベースを構築してデー

タ蓄積していくこと，これがマーケティングの土台になると思います。

　さらに DMP の活用で考えたことが，バスケットボールファミリーへの健康サポートや部活動支援，生涯スポーツへの参加促進などです。自分の身体的なデータや運動能力のデータなどをライフログとして記録し，個別に助言できるような活用も考えられるでしょう。

■「スマホファースト」

　デジタルマーケティングの推進に欠かせない重要な要素として，スマホファーストが挙げられます。具体的には，スマホ（モバイル）1台あれば，チケット販売やネット観戦，EC などすべてを完結できる仕組みを確立していくことです。

　Web サイト直販による電子チケットの導入やインターネット配信での中継も，今後は欠かせない要素となります。昔はプレイガイドに行ってスポーツイベントのチケットを購入していました。それが今やメジャーなイベントのほとんどは，ネットでチケットが購入できるようになりました。

　さらに放送は，地上波・BS・ペイチャンネル（スカパーや WOWOW 等）でテレビ観戦していたものが，ネット中継に移行していくのではないかと思われます。いわゆる OTT（インターネットを介した動画配信）サービスの普及です。

　スポンサーのニーズも，かつてはゴールデンタイムの地上波で自社の看板などを露出することにあり，その多寡によって協賛金額の設定を行っていました。その考え方はまだ残っているものの，今はデジタル中心の発想からのアクティベーションに変えて行こうと考えています。

　グッズに関しては，従来はワゴン販売のイメージが定着していましたが，今ではオンラインストアで購入できるのが当たり前になってきました。EC が普及したので，多種多様なグッズの販売が可能になっています。サッカーはそれほどでもありませんが，プロ野球では「○○勝達成」や「○○本安打・○○奪三振・○○盗塁」といった記念グッズの販売が増えています。

スマホファーストの世界というのは，まずは選手情報，試合の注目ポイントなどの配信により，B.LEAGUE に興味を持つファンを喚起し，無料会員として緩くつながることから始まります。その情報を見て，ユーザーがチケットをスマホで購入し決済する。座席選択や購入のしやすさ，シェアしやすい仕組みを目指します。さらに，入場に際してはスマホがチケットとなり，ペーパーレス化される，航空機チェックインのイメージです。

　観戦エンタメの観点では，ファンクラブ・来場者登録機能や会場でのクーポン配信，さらには位置情報を使ったエンタメ活用など，観戦を充実させるツールとなります。また，リアルタイムでハイライトシーン映像・試合速報・スタッツを提供することで，試合中も試合後も盛り上がることができます。

　シェア・拡散の意味では，「観戦体験（熱狂）×ハイライト映像×スタッツ」を組み合わせて提供された情報をユーザーが SNS 等でシェア・拡散を行い，強固なファン化を促進します。これらのことを，すべてスマホでやっていこうということです。

　来場者（購買者）のビッグデータ化はデジタルの心臓部です。「誰が」「いつ」「どんなことをしたのか」という履歴が重要です。チケットに関しては，もともとは販売が目的でしたが，チケットを購入した人がどういう属性でどういう行動履歴を持っているのか，アリーナに来てどういうグッズを買い，飲食をしたのかを含めたデータが必要となります。

　まずはアナログとデジタルのハイブリット型が基本ですが，ユーザーは慣れてくるとどんどんデジタル（ネット）を利用するようになります。観戦もネット配信へ移行すると考えられますが，そのきっかけは通常の地上波テレビ，友人や家族などの誘いなどリアル（現地観戦）が重要なファクターになると思われます。Ｊリーグや B.LEAGUE に限らず，ライト層の「誘い誘われ理論」は必要でしょう。

■Jリーグのデジタルマーケティング戦略

　ここは私の（Jリーグでの）実経験ではありませんが，関係者から見聞きした内容をまとめました。実は，2015年に立ち上がったB.LEAGUEは，当初デジタル化に関してJリーグより先行しました。ただ，今はJリーグが追いつき，追い越したという状況になりましたが。

　2015年の段階で，Jリーグは五つの重要戦略を掲げました。

① 魅力的なフットボールの提供

　　サッカー（試合内容）の質を向上させなければならない，コンテンツの質を上げなければならないということ。レベルが高く面白いサッカーをファン・サポーターに提供しようというものです。

② デジタル技術の活用推進

　　2015年当時，入場者数が伸び悩んでいたJリーグでは，顧客データの整備に着手する必要性を感じていました。そこでデジタル技術を活用し，ファンデータベースの構築や行動特性の把握によるマーケティング戦略の強化を目指すこととしました。

③ スタジアムを核とした地域再生

　　スタジアム自体は建設費や維持費が高く，芝生管理の問題があるため利用頻度が高くないことから，アリーナに比べると収益性は劣りますが，スタジアムを中心とした街づくりをしていこうということです。

④ アジア戦略

　　人口6億人を超えるASEANにおいて，サッカーは圧倒的な人気を誇ります。ASEAN進出を検討している企業にJリーグを利用してもらう，アジア国籍選手のJリーグでの活躍を放送権として（ASEANに）売る，ASEAN企業のスポンサー獲得などを一層推進していこうというものです。

⑤ 経営人材の育成

　　選手，監督・コーチ，審判がプロ化したものの，クラブの社長や職員の中には親会社からの出向者も多く，プロクラブのマネジメント人材の育成は大

きな課題となっていました。そこにＪリーグ本体が踏み込んで，社会人向け
講座を開講しています。

■Ｊリーグ ID

　Ｊリーグは，B.LEAGUE 開幕（2016 年 9 月）とほぼ同じ時期に顧客データの
整備に着手します。オープン ID 形式（Facebook 等）から入れる「Ｊリーグ ID」
の導入です。

　このＪリーグ ID は，200 万件程度あると聞いています。ちなみに，B.
LEAGUE- ID は（今はもっと増えていると思いますが）約 30 万件。ユニークな顧
客の ID を 200 万件獲得すれば，それなりの効果を生むことができるでしょう。

　オンラインストアなど，バラバラだった ID を統一するところから着手し
て，公式アプリの「Club J.LEAGUE」を公開し，共通のプラットフォーム（Ｊ
リーグ ID と CRM〔Customer Relationship Management〕基盤）を導入しています。

　チケットやグッズの購入，スタジアム来場，ファンクラブ加入などをデータ
として確保しています。そのＪリーグ ID から集まる顧客データベースをマー
ケティングデータベースとして活用しようというもので，B.LEAGUE と同じ
発想です。

　顧客サービスの向上という意味では，チケット購入時のポイント加算，ファ
ンクラブ加入によるグッズの割引購入などが可能となり，来場回数による特典
付与が考えられます。一般的にはよくあるサービスですが，スポーツ界では遅
れていた部分であり，今後積極的に取り組んでいこうとしています。

　顧客の側からすると，この ID を使ってチケットを簡便かつ先行して購入で
き，回数を重ねることでさまざまなサービスが利用できるメリットが生まれま
す。そして，クラブ側はさらなるビジネス機会の拡大を得る，という戦略にな
ります。

　モバイルアプリの導入ですが，スタジアム体験の向上にフォーカスし，来場
してもらうための「誘い・誘われ」に繋げる。「誘い」は男性が 66 ％で，誘わ

れでは男性 46 ％，女性 47 ％で，男性が女性を誘っているケースが多いとわかります。

　GPS により試合にチェックインした際に観戦メダルやボーナスメダルが獲得できたり，SNS によるつぶやきや友だち紹介などでメダルを獲得できたりします。そのメダルで入手する景品をペアチケットにすることで，コアファンがライトなファンを誘うことにも繋がるでしょう。

　Jリーグは，それぞれスタッフ個人の頭の中にあるナレッジ（知識）を共有化し，それをデジタル化して実践していったと思います。

■ データ可視化がもたらすもの

　Jリーグのデジタルマーケティング戦略においてインパクトが大きかったのは，2017 年 7 月に NTT ドコモとのパートナーシップ契約を締結したことではないでしょうか。Jリーグから送客されたデータとドコモメディアを活用した送客データを組み合わせることにより，位置・男女の構成比などを可視化しました。これは大変画期的なことです。

　そこでわかったことがあります。Jリーグは以前よりスタジアム観戦者調査を行っていました。これは大学などとの共同調査で歴史あるものです。

　図 4-3 の左の棒グラフを見ると，年に 1 回来場します，という方から右へ，2 回，3 回……となっています。「昨シーズン，何度スタジアムに来場しましたか」という設問でしょうか，「0」が 1 番多いかもしれませんが，1 番右が突出しています。これは 10 回を超えているという回答です。このデータの単純な平均は「11.6 回」となります。調査では毎年 10 回以上という数値が続いています。でもこれはアナログの調査で，試合開始 1 時間ぐらい前に，調査員が個別にアンケートを実施して回答を集めます。

　一方，ドコモユーザーの位置情報と他キャリアユーザーのアンケート調査を組み合わせて来場者のデータを把握すると（図 4-3 右図参照），実際には答えが違ってきました。なぜだろう⁉ 当然，疑問が湧いてきます。結果が違えば施

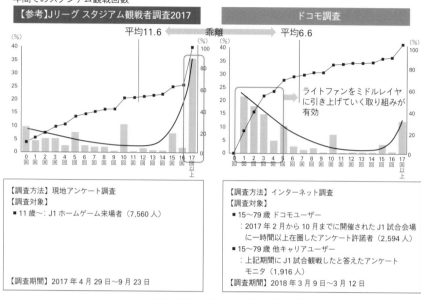

年間でのスタジアム観戦回数

【参考】Jリーグ スタジアム観戦者調査2017 ／ ドコモ調査

平均11.6 ← 乖離 → 平均6.6

ライトファンをミドルレイヤに引き上げていく取り組みが有効

【調査方法】現地アンケート調査
【調査対象】
■ 11歳〜：J1ホームゲーム来場者（7,560人）

【調査期間】2017年4月29日〜9月23日

【調査方法】インターネット調査
【調査対象】
■ 15〜79歳 ドコモユーザー
：2017年2月から10月までに開催されたJ1試合会場に一時間以上在圏したアンケート許諾者（2,594人）
■ 15〜79歳 他キャリアユーザー
：上記期間にJ1試合観戦したと答えたアンケートモニタ（1,916人）

【調査期間】2018年3月9日〜3月12日

図4-3　位置情報を活用した観戦者動向調査

出典：サッカーキングインタビュー（2019.4.22）記事内の図をもとに作成
（https://www.soccer-king.jp/news/japan/20190422/930647.html）

策も変わってきます。

　要は（図4-3左図の結果だと），コアファンはコア化しているので，リーグとしては新規顧客の獲得に動くということになります。私がJリーグに在籍した頃はそう思っていました。毎年毎年ファンの年齢が上がっていくので，スタート当初20代だったファンが40代になったからかな，などと考えていたのです。

　ところがデジタル手法で調べてみると，少し違ってくることがわかります。推測ですが，1時間前に調査をすると，対象者にコアファンが多くなります。すると来場回数の平均値が高くなる。Jリーグの年間トータル入場者数は約1,000万人ですから，みんなが平均10回来場していたとすれば，ユニークな来場者は100万人いるかいないか……「100万人!?」。100万人が10回来るから1,000万人になるという分析になります。でも，これを平均6.6で割るともっ

とユニークな方の数が増えます。

B.LEAGUE は全員ではないですが開幕時からスマホで履歴を残しています。その調査結果では，平均して約 2 ～ 3 回しか来場していませんでした。B.LEAGUE の 270 万人弱の総入場者数が平均 2.5 回来場しているとしたら，約 100 万人がユニークな来場者数となります。ということは，J リーグと B.LEAGUE のユニーク数はほぼ同じとなってしまいます。しかし，平均 11.6 回から 6.6 回に変わると当然結果は異なってきます。

顧客データがすべてデジタル化しない限り正解はわからないのですが，B2C がベースのスポーツビジネスにおいて，デジタル化の推進は避けて通れないものであることは間違いありません。

NTT ドコモの決済手段を利用してチケットを購入すれば，d ポイントが最大 10 倍貯まるというキャンペーンを実施した結果，J リーグチケットの売上は，前年同月比で 1.5 倍に伸びました。d 払いを選択した比率と絶対額も増えています。日本人で NTT ドコモを知らない人はほとんどいませんが，J リーグとスポンサー契約をしたことで d 払いの顧客が増加したとすれば，NTT ドコモ側にとっても十分なメリットを感じられるわけです。

同じく NTT ドコモとの協働プロジェクトで，J リーグは 5G の大容量通信を利用したスタジアムにおけるサッカー観戦体験のトライアルを行いました。ハーフタイム中に，AI による前半のハイライトの生成や配信を行ったのです。AI による自動抽出により，通常，1 ～ 2 時間かかるといわれる作業が 10 ～ 20 分に短縮することが可能だとわかりました。ラグビーワールドカップでも同様に行われています。

また，選手を使ったインフルエンサーマーケティングとして，リーグが撮影した素材を「J リーグ FUROSHIKI」に集約し，クラブや選手がそれを利用して SNS 等で拡散するといった戦略を実施しています。

ファン・J リーグ・スポンサーの三方よしという，それぞれにとってメリットがある「Club J.LEAGUE」というデータベースを構築したことで，J リーグ

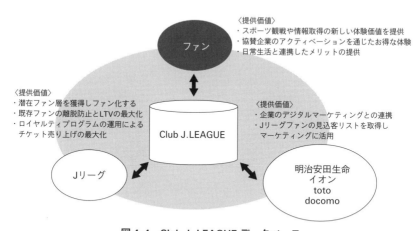

Club J.LEAGUEで目指したこと
ファン／Jリーグ／スポンサーの三方よし

〈提供価値〉
・スポーツ観戦や情報取得の新しい体験価値を提供
・協賛企業のアクティベーションを通じたお得な体験
・日常生活と連携したメリットの提供

ファン

〈提供価値〉
・潜在ファン層を獲得しファン化する
・既存ファンの離脱防止とLTVの最大化
・ロイヤルティプログラムの運用による
　チケット売り上げの最大化

Club J.LEAGUE

〈提供価値〉
・企業のデジタルマーケティングとの連携
・Jリーグファンの見込客リストを取得し
　マーケティングに活用

Jリーグ

明治安田生命
イオン
toto
docomo

図4-4　Club J. LEAGUE データベース
出典：サッカーキングインタビュー（2019.4.22）記事内の図をもとに作成
（https://www.soccer-king.jp/news/japan/20190422/930647.html）

はデジタル戦略においてスポーツ界で先行している印象です（**図4-4**）。

　この分野は次々と技術革新が進むでしょうし，葦原さんが初代理事長に就任するハンドボールリーグもこれらを超えるアイデアを導入しようと考えていると思います。スポーツ界全体でお互いに刺激し合うことが大切ではないでしょうか。

2 メディアカンパニー

■ スポーツとメディアの関係

　スポーツとメディアの関係について，歴史をふり返ってみます。メディアがなければ，ここまでスポーツの発展はなかったと思います。

　大正時代，1915（大正4）年に，今でいう夏の甲子園（全国高等学校野球選手権）の前身にあたる，全国中等学校優勝野球大会が開催されましたが，それは現在の阪急電鉄（当時，箕面有馬電気軌道）が，沿線に設置した豊中運動場の活用と乗客誘致のため，大会企画と広告宣伝を大阪朝日新聞社に持ちかけたことがきっかけでした。

　春のセンバツは，大阪毎日新聞社が1924（大正13）年に開催しましたが，ともに大阪を拠点にしていた朝日と毎日のライバル意識が働いたのでしょう。これが見事に当たり，両新聞の発行部数は飛躍的に増加，結果的に新聞の販促活動と知名度向上に高校野球が相当な貢献を果たしました。

　一方，読売新聞は東京が拠点ですが，朝日・毎日の半分程度の発行部数だったそうです。高校野球の全国大会を朝日・毎日に先んじられたことを受けて，読売は大衆娯楽の紙面の目玉として野球人気にあやかろうと考え，大リーグ選抜チームの招聘に成功します。

　今では考えられないような施策ですが，東京六大学の選手と対戦する（力量が違い過ぎるかもしれませんが，面白いアイデアではあります）日米野球と銘打って興行したところ，成功を収めます。これで読売新聞は一気に10万部以上部数を伸ばしたそうで，翌年に第2回を開催しようとしました。

　ところが，文部省（現文部科学省）から「学生が職業野球人と対戦するのはまかりならん」という理由で待ったがかかり，やむなくプロの全日本チームを編成しました。読売が大勢の有名な学生をスカウト，この全日本チームの中心メンバーが大日本東京野球倶楽部となり，のちの読売巨人軍となります。

　そのチームが大リーガーと対戦することとなり，読売は職業野球（＝プロ）に向かいます。その後，阪神や阪急，中日が球団を設立し，1936年2月，7球団による日本職業野球連盟が結成されました。これがプロ野球の始まりであり，読売新聞の大躍進につながります（販売部数が4倍に）。

　読売新聞は販促活動のために球団を持ったことが成功の礎となり，1930年代後半からずっと安定成長を続けました。読売がプロ野球で，朝日・毎日はア

マチュア野球という区分けができ，これが，プロがアマチュアを教えてはいけない，あるいは社会人野球に進んだ選手は3年間ドラフトで指名してはいけないという，思想・発想になっていったのではないかと推測しています。

　日本は，プロ野球が誕生した経緯の通り，欧州のように地域に根ざしたスポーツクラブがルーツではありません。親会社の販促広宣のために，スポーツやチームを利用したという歴史であったということです。

■ 海外の事例

　ガラリと話は変わりますが，欧州のサッカーを考えてみましょう。実は，1990年以降，世界中でサッカーの放映権料が高騰しましたが，世界的なメディア王として知られるルパート・マードック氏による仕掛けが発端だと言われています。

　ちなみに，1993年にスタートしたJリーグは，当時，サッカー界のレジェンドのジーコ選手や，イングランド代表だったリネカー選手がプレーをしました。その後もセルビアの英雄，ピクシーことストイコビッチ選手が来日しました。B.LEAGUE開幕時に，（Jリーグの例を受けて）どういうスーパースターが来日しますか？　とよく尋ねられましたが……。1993年頃は，サッカーの放映権料が高騰する直前ですから，大物選手を呼ぶこと（契約）ができたのでしょう。

　放映権料が高騰したことで，イタリアのセリエAはリーグが一括管理していた放映権をクラブへ移譲することに……クラブは高騰する放映権を見込んだ経営に走り，今度は高騰し過ぎた放映権料を高値で落札し続けたが払い切れないメディアの経営が悪化，ついには倒産するメディアが出てきました。当然放映権を当てにしていたクラブの経営も悪化していきます。

　一方で，地域密着型クラブとメディアの関係です。一つの例として，グリーンベイ・パッカーズ（NFL：アメリカンフットボール，ナショナル・フットボール・リーグ）は単独オーナー不在で，株券の所有を通じてグリーンベイ市民の1人ひとりが球団のオーナーです（約36万人の株主）。スペインサッカーのソシオ（会費に

より運営されるクラブ）と同じ発想でしょうか。36万人の市民株主がいますから，おらがクラブのようなものです。パッカーズは地域還元として，選手やチアリーダーが学校・病院訪問の他，さまざまな地域貢献活動，チャリティー活動を実施しています。これはJリーグも同様です。

　市民にとってパッカーズは宝物で，株主であることに誇りを持っていますし，テレビ中継の視聴率も高く，収益も上がっています。パッカーズ以外のクラブも同様で，NFLは地域密着クラブの集合体だからこそ，アメリカ全土で高い人気を勝ち取っています。

　Jリーグはすべてヨーロッパをお手本にしていると思われがちですが，実は立ち上げ時に，アメリカのプロスポーツからも学ぼうと視察をして情報収集を重ねた結果，放映権を一括管理で取り扱っています。ドラフトやサラリーキャップは採用していませんが，Jリーグの地域密着というのはアメリカのスポーツも参考にしているからなのです。

　NFLは収益の中でテレビ放映権料が占める割合が非常に高い。これは特異な例だと思いますが，NFLの全米No.1決定戦「スーパーボール」の視聴率は毎年40％以上を記録，2000年以降の番組別視聴者数ランキングで上位を独占しています。当然，テレビCMの価格は高くなり，30秒のCMを1回放映するだけで3億円近いと言われています。いわゆる露出型での収益です。

■Jリーグのテレビ放映

　では，Jリーグはどうだったかというと，1993年5月15日土曜日午後7時30分キックオフ，ヴェルディ川崎対横浜マリノスの開幕戦がNHKで生放送されました。6万人近い観客で旧国立競技場は満員です。カラフルなユニフォームで，地域名＋愛称が連呼され，とてもセンセーショナルでした。

　実は，翌日日曜日の4試合のチケットはすべて完売というわけではありませんでした。ところが，土曜日の放送を観て，「おぉー，これはすごいな」となり，その翌週からずっと完売が続くこととなるのです。

3シーズン目の1995年の初めまで，ほぼ全試合完売状態でした。私はこの完売が途切れた頃にJリーグで勤務することになりましたが，その当時のいろいろな会議，例えば実行委員会などでは「どうしてチケットが売れなくなったのだ」という話が出ると「いえ，今まで積極的に売りに行ったことはなく，自然と売れていたのです」との反応。ようやくこの頃から自治体やお客さまと向き合うようになり，チケット販売が命題となったわけです。

　Jリーグの試合は地上波放送され，チケットの売れ行きも好調でした。NHKは日曜日の午後2時から地方支局枠があり，地元Jクラブの試合を放送してくれました。ありがたいもので，各地方で地元プロスポーツを応援してくださるのです。強い弱いにかかわらず，ある意味，地元密着がキーワードとなっているのです。

　その後，NHK-BS（衛星放送）がスポーツコンテンツを重視するようになりました。最初に目を付けたのは野茂英雄選手。当時，MLBのロサンゼルス・ドジャースで活躍していました。それが1995年です。次にJリーグも取り上げようということとなり，結果的にNHKとスカパー，TBSのコンソーシアムができました。スタート当初，年間23億円だったJリーグの放映権料は，50億円にまでアップしました。

　当時の巨人戦は1試合で1億円。財政的に苦しかった広島東洋カープでは，地元で行われる巨人戦が13試合あり，それだけで13億円の収入が見込める。そうなると，それを頼りにした経営となってしまって，リーグ内の発言力がどうしても巨人中心となってしまったようです。

　NHKはスポーツコンテンツに力を入れていましたが，NHK自体の問題で予算編成が変わりました。すると今度は，Jリーグ中継のコンソーシアムがスカパー（CS）中心に変わり，以後，10年間，2007〜2016年までスカパー時代が続きます。

　スカパーには地方の支局がありませんから，地方のスタジアムでスカパーのPRができることが大きなメリットとなるのです。スポーツで大きな収益を上

げようという考えではなかったようですが，幅広く地方にクラブが存在するJ
リーグのJ1・J2全試合をLIVE中継することで，新規顧客契約のブースを全
国各地のスタジアムに設置する。それが支社の代わりの機能を果たしました。

　海外サッカーで日本人選手が多く活躍するようになり，海外サッカー＋J
リーグのパッケージ視聴などの販売を開始したスカパーは，全世帯約300万件
超の加入件数のうち20〜30万件をJリーグ絡みで獲得，Jリーグが契約数の
増加に寄与したことになります。

　スカパーはとても良いパートナーでしたが，国内放送局は単年度PL（1年で
の投資回収モデル）で判断しますから，大きくジャンプアップしなければなら
ず，限界もありました。コンテンツとして育てていくというより，単年度ごと
にどうやって収益を上げるかが課題で，そこが限界となってしまいました。

■DAZN

　そこに登場したのがDAZNです。2017年から10年契約，延長されて12年
契約となっていますが，バックに投資会社を持つDAZNがなぜ日本を選んだ
のか。それは日本人がさまざまなスポーツを視聴する特殊性があり（DAZNは
イギリスの企業ですが，イギリスはサッカー中心の視聴なので），多種競技を月額サブ
スクリプションで視聴するニーズがあるという判断からでした。

　Jリーグは春〜秋シーズン制で，プレミアリーグ（イギリス）のオフに当たり
ます。だから，ブックメーカー目的の視聴対象になりやすい点も投資判断材料
の一つです。契約条件で特筆すべきは，Jリーグが中継制作の権利を保有する
こと。試合のハイライトの2次利用も含まれます。映像の製作や著作の権利を
保有することは大変重要で，従来は各放送局やスカパーがその権利を有してい
ましたが，本件を機にJリーグが権利保有することとなりました。

　B.LEAGUEが2016年にスタートした時，当時のスポナビLIVE（今のバス
ケットLIVE）と組みましたが，その時点で映像の製作・著作の権利を
B.LEAGUEが保有しました。おそらく日本では初めてのことだと思います。

その結果，Jリーグも DAZN に対して，権利保有の交渉を有利に進められたという面があったわけですから，ここは B.LEAGUE が先行したと言えます。

映像制作権はJリーグが保有して，制作を DAZN に発注しています。というのも，DAZN は映像の撮り方や編集などがとても上手い。実はそのノウハウをJリーグが習得する機会となっているのです。

■ 今後のメディアとの関係値

技術革新に伴い，プロスポーツ放送が変化し，放映権ビジネスのスキームも変化しています。アメリカでは古くはラジオからテレビに移行し，テレビ向けコンテンツの不足から MLB 中継にニーズが高まりました。何を意味するかと言うと，チーム数や試合数が多いというのはとても大事なファクターだということです。後でお話をしますが，インターネット（OTT：Over The Top）での配信は特にそうです。

例えば，地上波で多くのプロ野球中継を行っていた頃は，人気がある巨人戦が中心でした。しかもホームゲームは日本テレビと系列局の独占になります。しかし，アンチ巨人もいますし，応援しているチームの試合が観たいというニーズも当然あります。

サッカーはもっとクラブ数が多く，地元のクラブを中心に好きなクラブが分散しています。OTT になれば同時刻に複数の試合を視聴できますから，自分が好きなクラブの試合を観ることができます。放送する側の理屈ではなく，観る側の好みに左右されるわけです。

スポーツはやはり LIVE 観戦が醍醐味ですから，視聴形態が変わってくるのは必然でしょう。日本もラジオからテレビ，地上波から衛星放送へ。ただ，もともと日本のテレビは地上波が多チャンネルで無料放送が多いため，アメリカのように有料のケーブルテレビはあまり発展しておらず，日本のスポーツ界に対してマイナスに働いていると思われます。でも，スポーツコンテンツの価値が向上すれば，一気にインターネット配信で有料化が進んで行く可能性があり

ます。

　ABEMA は，麻雀の M リーグを配信，将棋の LIVE 配信にも積極的です。そこでは M リーガーや棋士の表情の撮り方が工夫され，面白い映像が視聴者へ提供されています。大相撲や格闘技も人気を得ているコンテンツです。表情を読み取る面白さや心理面のやり取りを映像化して見せるという観点から，ポーカーなども検討されているようです。

　プロ野球では横浜 DeNA ベイスターズがネット配信に注力しています。福岡（ソフトバンク），仙台（楽天），札幌（日本ハム），広島などの地方大都市はローカル民放局が強く，コンテンツの奪い合いになっているという話も聞きます。プロ野球で広島東洋カープの主催試合だけが DAZN の対象外なのは，ローカル局との関係を配慮したものだと言われています。

■ スポーツ観戦と OTT サービス

　従来のスポーツ中継は，地上波テレビ局が放映権を購入して放送しています。受信料またはスポンサーからの広告料が番組制作費用に充当されるため，視聴者は無料で楽しむことができます。それが日本のビジネスモデルで，海外のケーブルテレビなどとは大きな違いです。テレビ局が主体となって放映権料を支払うわけですから，テレビ局の意向が優先されて，採算が見合う時間帯で試合を開催して欲しいとか，演出を考えて欲しいとなります。

　そのため，テレビ局側の都合で試合開始時間が変更されたり，試合の途中で放送が打ち切られたりする現象も起こります。先日 B.LEAGUE 中継を観ていたところ，残り 3 秒で放送が終わってしまいました。

　現状のテレビ放送は，スポンサーの思惑に左右されることが多く，仕方がないのかもしれません。また，同時間に複数の試合があっても中継するカードは限定される，テレビ視聴者が多い中高年層に向けて放送するからゴルフが多い，視聴者が自由に観たい競技を選ぶことができない，といったことが従来のテレビによるスポーツ中継の限界でした。

OTT の場合，事業者がスポーツ中継などの放映権を購入してインターネット配信するところまでは同じですが，視聴者が定額制（サブスクリプション）など対価を払う課金視聴のビジネスモデルです。ただ，この課金制度だけで成り立つかどうかというのは，正直難しさがあり，このビジネスモデルをどう捉えるかは今後もテーマとなるでしょう。

5G など通信環境の整備やスマホ・タブレットなどモバイルの普及によって，どこでも気楽に高画質のインターネット視聴ができるようになりました。また，ライブ視聴や自由な時間に見逃し配信を視聴できるなど，視聴者側の利便性は急速に向上しています。「視聴者が見たいものやタイミングを選ぶ＝ファンファースト」の考え方に変革させ，「お金を払って視聴するのが当たり前だという意識が視聴者に根づく＝スポーツ視聴の価値を認める」ことが今後の課題になると思います。

■ 視聴方法の発展

マルチ視聴となれば，いろいろなスポーツを観る文化の醸成が可能となります。バレーボール界の方から，B.LEAGUE ができたために観客が減ったとか，アリーナの使用に制限が生まれたと言われたことがあります。しかし，プロ野球を観戦に来る 2,600 万人の人たちに冬場にも何かスポーツを観てもらう，という発想を持てばいいのです。

バレーボールもバスケットボールも卓球もラグビーもハンドボールも，全部の試合会場が満員になったとして，多分 2,600 万人には届かないと思います。2020 年 3 月 14，15 日，コロナ禍のため B.LEAGUE は無観客試合に踏み切ったのですが（結局 2 日間だけでしたが），他のスポーツはほとんど中止の中，DAZN ユーザーが結構 B.LEAGUE を観たと言われています。このようにマルチなスポーツ視聴習慣というのは，いろいろなスポーツを配信するという DAZN のもともとの狙いが当たっていることの証だと思います。

今後，OTT プレイヤーの競争が拡大されることが予想されます。Amazon-

Prime はスポーツコンテンツのライブ配信（オリジナルのスポーツドキュメンタリー等も含む）実績があり，MLB の放映権の一部を取得して中継に乗り出すかもしれません。

　楽天や SoftBank はすでに OTT サービスをスタートしていますし，Netflix は今のところスポーツに進出しないようですが，将来はわかりません。このように OTT サービスプレイヤーの競争が拡大することは，スポーツにとっては良いことだと思います。

　さらに，今の無線通信速度は 5G ですが，2030 年には 6G へ向かうでしょう。2026 年のサッカーのワールドカップでは，家族のそれぞれが好きな対戦カードをそれぞれのモバイルで快適に視聴できる自宅環境が整うのではないでしょうか。

　また見せ方の工夫ですが，試合会場で座席に座ると，その角度・視野からしか観ることができません。新技術の自由視点映像があれば，さまざまな角度・視点からの映像をタブレット一つで観ることができます。自らのコンテンツ加工力×新技術への対応力は大切な要素となります。

■ メディアカンパニー

　図 4-5 にはオウンドメディアとサードパーティと記していますが，これは自分がメディアになるか，誰かに放映権を売って放送をしてもらうかの違いです。J リーグも B.LEAGUE も放映権を買ってもらっています。パ・リーグの各球団には「パ・リーグ TV」というものがあり，オウンドメディアとなりつつ，地上波や BS，CS も扱っています。セ・リーグは各球団が各々で放映権を売るというやり方です。

　オウンド（owned：所有）というのは，コンテンツ側がメディアとなり放送配信していくことです。もともと J リーグと B.LEAGUE は欧米のプロスポーツと同じやり方（権利独占・オウンドなし）です。すなわち，放送配信権を事業者（スカパー・DAZN・バスケット LIVE）に独占で売って権利料を受け取り，事業者

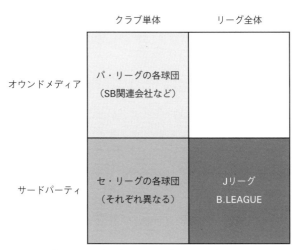

	クラブ単体	リーグ全体
オウンドメディア	パ・リーグの各球団 （SB関連会社など）	
サードパーティ	セ・リーグの各球団 （それぞれ異なる）	Jリーグ B.LEAGUE

図 4-5　オウンドメディアとサードパーティ

は視聴者から対価＝視聴料収入を得ます。

　ところが，権利料（Jリーグは 200 億円／年と言われています）を視聴料収入だけで賄えるかというと，損益分岐点を超える契約件数を獲得せねばならず（実態は企業秘密ですが），なかなかハードルは高いようです。そうしたビジネスモデルが正しいのかどうかは，もう少し様子をみることが必要でしょう。

　今のやり方は，コンテンツ側が自社でメディアを抱えるコストが不要ですし，事業者から見れば権利を独占することによって他との差別化を図ることができます。また，事業者は買った権利を自由に扱うことができるため，サブライセンスを確保して投資回収できるというメリットも考えられます（図 4-6，4-7）。

■放映権ビジネスとコンテンツ

　その反面，権利を購入した側の事業者は，費用に見合う条件を求める傾向が強くなります。かつてスカパーがJリーグを独占放送していた時は，スカパーのチャンネル数に制約があるので，チームとしてはあまりやりたくない日曜日

① 従来型(権利独占・オウンド無し)
（例）Jリーグ、Bリーグ、欧米メジャースポーツ

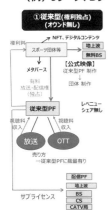

メリット

【権利元】
・人気・需要があれば権利料が高騰しやすく、安定した収支計画を立て易い
・オウンドメディアを抱えるコスト不要

【従来型PF】
・権利を独占することにより、PF・サービスの差別化を図ることができる
・権利を自由に扱うことが出来るため、サブライセンスの収入を確保することができる

⇒市場が飽和状態となり各サービス契約者数が鈍化、メリットが出にくくなってきている

デメリット

【権利元】
・スポーツ団体としての目指す姿よりも、従来型PFの事情や利益を優先しがちとなる
・従来型PFの経営環境悪化、縮小・撤退等により予定していた権利料が入らない場合がある

【従来型PF】
・権利料が高騰しやすく、競技単体での事業収支は赤字になりやすい
・契約者数が鈍化すると、PFの差別化のみでは社内を通すことが難しくなって来ている
・サブライセンスによる収入が想定を下回るリスクがある

⇒この権利形態が無くなることはないが、差別化による市場の成長が見込めない

② 従来型(権利非独占・従来型PF+オウンド)
（例）プロ野球（各球団が権利を保有し販売） ※国内ゴルフツアーもここに近い

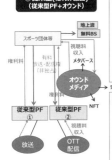

メリット

【権利元】
・人気の高さを活かし、無料放送・有料放送・有料OTTと権利を分けて販売することができる
・従来型PFからの権利料に加え、オウンドメディアによる収入も得ることができるようになる
　※現状日本では競技人気の高いプロ野球のみあてはまるか（最近ではゴルフも）

【従来型PF】
・有料放送、有料OTTといったカテゴリー内では独占性が担保される
・権利元との関係性次第では、公式映像の制作やオウンドメディアの運用管理に参画も可能

デメリット

【権利元】
・ひとたび人気が低下すると、権利料が下がる可能性がある

【従来型PF】
・権利元に人気があるがゆえに、権利元優位の契約内容になりやすい（売手市場）
・上記理由により、権利行使する際には何かしらの制限をかけられる場合がある
・PFの差別化を図ることが難しい（※ただ、権利喪失はPFの"逆"差別化に繋がりかねない）

図4-6 放送・配信の権利形態（1）

③オウンド並列型(オウンド＋従来型PF)
（例）新興競技団体、プロレス、格闘技団体等

メリット

【権利元】
・人気が上がれば、無料放送・有料放送・有料OTTと権利を分けて販売することができる
・オウンドメディアを保有、自らコンテンツ開発を行うことで、最適なタイミングでの発信が可能に
・オウンドメディアで試合のPPV・サブスク販売を行い、100％自社の収入とすることができる
・「コンテンツの開発・発信」を自ら行う力をつける事が出来る（企業としての基礎体力強化）

【従来型PF】
・PPVの場合はレベニューシェアでの配分も可能となり、収支リスクを減らして権利獲得できる
・権利元との関係性次第では映像制作の受託やオウンドメディアの運用管理に参画も可能

デメリット

【権利元】
・コンテンツを継続的に開発、発信していくためのノウハウ・コスト（ヒト・カネ・時間）が必要
・それなりの収入を得る事ができるようになるまでには、時間を要する可能性が高い
・オウンドメディアを運用していくためのコスト（ヒト・カネ・時間）が必要となる

【従来型PF】
・PFの差別化を図ることが難しい
・権利行使する際に、オウンドメディア側との調整が必要となる場合がある

④オウンド中心型（従来型PFは補助的存在）
今後）コンテンツ規模の大小を問わず、上図③とともに主流になっていく可能性

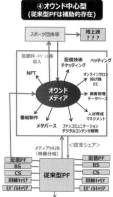

メリット

【両者】
・様々な面で協力関係を築くことが可能、お互いの価値最大化を目指すことができるようになる
　　※PF側からリソース提供を受けることで、マイナーと呼ばれるスポーツであっても踏み出すことが可能に

【権利元】
・オウンドメディア開発・運営していくためPFのリソース（配信・制作技術、設備）を利用可能
　　※ミニマムなコストで、新たに産み出される技術革新にも柔軟に対応していく事が可能に
・複数のキャリアやPFに対して、低コストで映像配信していく事が可能になる
・ファンの声を反映した競技システムを作っていく事が可能になり、変化にも柔軟に対応可能

【従来型PF】
・PFの差別化に拘泥することなく、いろいろな競技に対して価値貢献していくことが可能になる
・新しいビジネスモデルを産み出していくための実証実験を行うことも可能になる

⇒新たなスポーツの価値をファンとともに作っていく（今後主流となっていく可能性あり）

デメリット

【権利元】
・それなりの収入を得ることができるようになるまでには、時間を要する可能性が高い

【従来型PF】
・初期投資や運用にかかるコストをどこまで飲み込むことができるか？

図 4-7　放送・配信の権利形態（2）

の夜に試合開催することになっていました。

　また独占購入は権利料が高騰しやすく，購入するにも競技単体での収支は赤字になりやすい。契約者数の伸びが鈍化すると，他との差別化だけでは社内稟議を通すことが難しくなります。サブライセンスによる収入が想定を下回るリスクもあります。

　なお，バスケット LIVE はどちらかと言えばサブライセンスモデルで，DAZN はサブライセンスをしないモデルになります。

　プロ野球は，球団ごとに放送配信の権利を保有しています。例えば，巨人は圧倒的なコンテンツ力がありますので，その人気の高さを活かして，無料テレビ放送・有料テレビ放送・有料 OTT に権利を分けて非独占で販売しています。当然，独占化したほうが売り値は高くできますし，非独占だと値段は低くなりますが，多くの人が見るチャネルを増やすことが可能です。非独占にしても高い価格を設定できるだけのコンテンツ力があるのです。さらには，オウンドメディアや YouTube も含めて自前で運営して，そこでもまた収入を計上していく，贅沢モデルともいうべきスタイルです。

　これは人気が高いということが大前提で，権利を分けながら，無料，有料と非独占で売ることができるのに加えて，オウンドメディアによる収入も得られるということです。最近ではゴルフも同じような仕組みにトライしているようです。

　ただし，無料テレビ放送・有料テレビ放送，有料 OTT というカテゴリー内では独占性が担保されていて，実態として無料テレビ放送だと巨人戦は日本テレビか系列局でしか放映していません。

　デメリットとして，ひとたび人気が低下すると権利料も下がってしまいます。これは当然のことですし，人気のあるなしで値段が上下することの覚悟は必要でしょう。

　人気があるので巨人優位の契約内容，売り手市場……当たり前ですが，放送事業者や OTT サービス事業者からすれば，う〜ん，となってしまいます。

プロレスや格闘技はどのような放送配信の権利形態となっているのでしょうか。こうした個人競技にはコアなファン層があります。かなりの人数がオウンドメディアの会員となっていて，主要な団体だと 10 万人以上と結構多数の会員がいます。そのスポーツ団体が，従来型の有料メディアに非独占かつ有料で放送配信権を売りつつ，一方でコンテンツを自主開発して自分たちのオウンドメディアで試合の PPV（pay-per-view）・サブスクリプション販売を行い，100 ％自社の収入とすることができます。コンテンツの開発や発信の力をつけることになり，自らがメディアカンパニー化していくこととなります。

オウンドメディア自体が自分で視聴料収入を取りに行くモデルですから，非独占となる従来型の事業者はレベニューシェア[1]で配分を受けることも可能となり，大きなリスクを抱えるような買い方をしなくてよくなるということです。

コンテンツを継続して自主開発するには，ノウハウやコストの他，時間がかかります。プロレス団体だけですぐにできるのかどうか，という課題がありますから，映像制作技術などは従来型事業者とタイアップすることが重要かもしれません。

■NBA's Way

私には，「B.LEAGUE をこのような形にしたい」という願望がありました。2016 年 11 月に NBA を訪問した際，NBA の関係者が『NBA はメディアカンパニー』だという話を聞いたからです。その時から，いずれ B.LEAGUE もそうならなければ，と思うようになりました。

ローカル放送も含めてテレビ放映が多い NFL に比べると，NBA はオウンドメディアを持っています。このオウンドメディアを中心に（地上波などには売るのかもしれませんが）従来型 PF（プラットフォーマー）と提携し，収支をシェア

1）リスクを共有しつつ，パートナー相互の協力で生み出した利益をあらかじめ決めておいた配分率で分けあうこと。

していこうというものです。映像の制作や放送配信，プロモーションは従来型のPFに担ってもらいつつ，イベントやコンテンツの自主開発のところをオウンドメディアが担って，そのオウンドメディアからは試合中継にとどまらず，さまざまな内容を発信していくのです。

SDGsに関係すること，ファンマーケティングの共同施策，顧客管理のデータベース……オウンドメディアを持つということは，視聴したいという人が100万人いれば，100万人分のデータベースを持つということです。

PFが映像制作やプロモーションなどの技術的なパートナーになりますが，あくまで中心はコンテンツ側になっていくということです。

前述の通り，恐らく日本で初めて，B.LEAGUEは公式映像の制作著作をリーグで所有しました。初期投資は必要になりますが，リーグが映像を制作する場合，地上波局に制作依頼するより安価ですし，自主制作のほうがカメラコントロール（カメラワークや情報の取捨選択など）の自由度は圧倒的によくなります。ただ，オペレーションの負荷がかかるので，そこはリーグと制作会社が共同でうまく立ちあげればいいのではないかと思います。

メディアカンパニー化を纏めると次のとおりです。

- ◆放送，通信技術の進化とチャネルのマルチ化を受けて，個人の生活スタイルに合わせていつでもどこでも視聴できる環境
- ◆メディアカンパニーは，所有のコンテンツを視聴者の指向（チャネル×タイミング）に応じた複数のプロダクトに加工し，配信（ライブ／ディレイ，フル／ハイライト，ALL／特定のプレー集 等）
- ◆技術革新により，VRやARを駆使したバーチャルとリアル映像を組み合わせることも可能。アリーナでの生観戦とはまったく違った，エキサイティングな情景やダイナミックな体感を得られるプロダクトを制作してビジネス展開
- ◆アウェー，海外ファンはもとより，従来型のアリーナ観戦が難しい方（子

ども，高齢者，療養者，障がい者 等）向けに，ライブ感を体感してもらえるプロダクトを配信することも，新ビジネスとしてニーズあり

■ あるべき姿

　今のスポーツ中継は放送者が中心です。本来，川上が試合（コンテンツ）→川中が映像制作（プロダクト）→川下が放送（メディア）という構造なのに，どちらかというと，川下のニーズで川の流れが決まっています。視聴率を睨んだ放送時間帯が優先され，炎天下の昼間や，夜遅くに競技を行うとか，バレーボールでは試合時間短縮のためにルール改正されるなどの事態が発生しています。

　メディア側の都合，すなわち川下の都合で川上が制約を受けるのは本末転倒であり，本来は川上であるコンテンツ側がイニシアティブを持つべきでしょう。その流れを変えるのが『メディアカンパニー』の発想と言えます。

　メディアカンパニーは競技の中継だけではなく，付随物であるハイライト映像や特定プレー集なども制作しながら，プロダクトごとの販売（課金ビジネス）も可能です。

　もちろん諸課題はあります。

◆映像制作会社設立の仕方は単独か JV（ジョイントベンチャー）か
◆OTT，5G，6G といった技術革新への対応
◆視聴者を盛り上げる見せ方の工夫による付加価値アップ
◆選手個人の肖像権の扱いなどの権利整理
◆多言語化に対応した視聴マーケットの検討

　あとはオウンドメディアの収支です。立ち上げ当初は厳しいでしょうから，それに耐えきれるかどうかが問題です。

◆課金だけのビジネスモデルでは厳しい場合のクロスセル
◆オウンドメディアが得た個人の情報を活かしたマネタイズ，スポンサーア

　クティビティ等の利用
- ◆アリーナにおける「映像制作力」を活かした複数競技の販売
- ◆海外放送権の積極的販売，外国籍選手の出身国側の逆輸入ニーズ

3 アジア戦略

　サッカーやバスケットボールの強みは，グローバルなスポーツであることです。特に時差の少ない東アジアや東南アジアをターゲットとすると，ASEANは人口が6億人を超えていますから大きなマーケットであり，どう開拓していくかは大事な話です。

　彼らの平均年齢は日本に比べて若い。私がベトナムを訪問した時，日本人の平均年齢48歳に対して「僕たちは27歳です」と言われました。実際は現在31歳のようですが……。フィリピンは平均年齢が20代半ばで，かつ人口は1億人を超えています，ベトナムも1億人に近づいています。日本の人口は1億2千万人強ですが減少しています。

■背景と狙い

　ASEANでの人気スポーツといえば圧倒的にサッカーですが，台湾やフィリピンではバスケットボールが大変な人気ですし，インドネシアは2023年のFIBAワールドカップ共催決定を契機に人気が上昇しています。ベトナムのバスケットボールのプロリーグは6，7チームですが，どのアリーナも満員になるなど，サッカーに次ぐ人気スポーツと言われています。

　ASEANでは，欧州サッカー，特にプレミアリーグに人気があり，同リーグはASEANマネーを上手く取り込んでいます。タイでの放映権の100億円ぐらいがプレミアリーグなど欧州サッカーに流れると言われていますが，それぐらいスポーツビジネスをASEANで展開することは魅力的です。日本と時差がほとんどなく距離的にも近いですから，有望な市場であると言えます。

2014 年にベトナムを訪問した際，ベトナムサッカー協会会長は（富豪が運営している）銀行の会長職でしたが，とにかくその人に依頼すれば政界トップに面会できる力を持っていました。日本の政財界人がベトナムに行って会えなかったとしても，サッカー人脈では会うことができるのです。

ベトナムは J リーグへの憧れがあるようですが，今は B.LEAGUE の成功の様子を見ているようで，とても注目されています。日本人でも B.LEAGUE のオフィシャルサイトにはあまりアクセスしないのですが，韓国のバスケットボール界の人たちは B.LEAGUE のサイトに数多くアクセスしています。関係者に会うと，あれはどうなった，これはどうするのだと，質問してくるほどですから。

■ J リーグのアジア戦略

本格的に J リーグがアジアを注目したのは 2012 年頃からです。J リーグ開幕前の日本代表は弱くて，マレーシアやインドネシアと対戦しても勝ったり負けたりというレベル。それが，体格差もそれほどないという中で，J リーグ発足後に日本は短期間で強くなり成長したことで，彼らはそのノウハウを学びたいと思ったようです。

そこで J リーグは，すぐにマネタイズではなく，まずはノウハウを無償提供する代わりに日本の企業や自治体にビジネスネットワークを紹介（仲介）することで，リーグの存在価値向上を図りました。

2012 年 2 月に J リーグはタイのプレミアリーグとパートナー協定を締結しました。タイは農業国です。セレッソ大阪の親会社であるヤンマーは農業機械を扱うメーカーですから，商談の機会が得られるかもしれない。まずはヤンマーの名前を売り込むニーズがあったので，セレッソはバンコクのチームとパートナーシップを締結し，U-14 チームの組織構築をサポートしつつ，地元農協との共催でサッカー教室を開催するところからスタートしました。

横浜 F マリノスは，ミャンマーのチームとパートナーシップを締結します

が，横浜のスポンサーである医療商社がミャンマーに進出したいというニーズがあったので，サポートすることでスポンサーの満足度を高めようというアプローチをしたのです。スタジアムに広告看板を出すといった従来スタイルとはまったく異なります。

水戸ホーリーホックやコンサドーレ札幌の例を見ましょう。水戸は 2016 年にベトナム代表の有名選手と契約をします。茨城県は 2014 年からベトナム政府と農業分野を中心にパートナーシップを締結しましたが，その選手が活躍したこともあり，「いばらきベトナム交流大使」に任命し，県の PR 動画に起用するなど，行政も交えてアジア戦略を活用しています。

コンサドーレ札幌は，2017 年にタイの選手を獲得，翌シーズンにはその選手が J リーグベストイレブンに選出されました。その効果もあって，札幌へのタイ観光客が大幅に増加，タイの大手放送局で試合が生中継され，J リーグの関心度は右肩上がりになりました。アジアの選手獲得を機に，水戸・札幌ともにスポンサー営業でも効果を上げています。

ヴァンフォーレ甲府は地域密着の代表的なクラブで，インドネシアと山梨県の交流促進に一役買っています。インドネシアの人気選手を獲得した際には，ホームページにアクセスが集中し大変な事態になったことがありました。

■B.LEAGUE のアジア戦略

インバウンドの集客やスポサンサーの獲得など，B.LEAGUE は J リーグと似た発想でアジア戦略を考えています。

アジアのライバルである中国，韓国，フィリピンやチャイニーズ・タイペイ（台湾），インドネシアと親交を図り，アジア特別枠を設定して有力選手を獲得していますし，その選手たちを目玉として，アジアでの放映権の拡大を目指しています。

コロナ禍ではありましたが，例えばフィリピンの No.1 大学生選手のサーディ・ラベナ選手の獲得に成功，三遠ネオフェニックスに所属しました。彼の

兄であるキーファー・ラベナ選手（滋賀レイクス）の SNS フォロワー数は，B.LEAGUE 本体よりも多いというエピソードがあります。

　海外で盛んなバスケットボールですから，アジア戦略のためにも，B. LEAGUE は英語・中国語・韓国語以外にも，オフィシャルサイトを多言語化しなければなりません。

　B.LEAGUE は，2019 年 5 月に韓国リーグ（KBL）とパートナーシップ協定を締結し，2020 年 2 月には B.LEAGUE の U15 選抜チームを韓国に派遣したところ，見事優勝して帰って来ました。

　サーディ・ラベナ選手の他にも，韓国のヤン・ジェミン選手が信州ブレイブウォリアーズに入団しましたし，アジアの有望な若手選手が次々来日し始めています。また日本からは，京都ハンナリーズなどに所属していた中村大地選手が KBL 原州 DB プロミに移籍しています。海外で苦労しながらも活躍の場を得ているようです。

　以前，サッカー日本代表は韓国になかなか勝てなかったのですが，J リーグの選手年俸が高くなったことで，韓国から来日して J リーグでプレーする選手が増えました。日頃から彼らと対戦することで韓国サッカーに慣れたのでしょう。今では日本代表は韓国と互角（互角以上⁉）の勝負ができるようになりました。これも J リーグのアジア戦略の功績だと思います。

　2022 年 10 月からはバスケットボールの「東アジアスーパーリーグ（EASL）」がスタート，サッカーのアジアチャンピオンズリーグのような仕組みが整備されつつあります。コロナ禍が一段落すれば，もっと海外との交流が盛んになると思います。

　海外では OTT 視聴数が日本とは格段に違います。中国は低身長の選手をプロバスケットボール選手にすることはありませんから，琉球の岸本隆一選手や並里成選手，千葉の富樫勇樹選手など，小柄でも上手な選手の人気や注目度がとても高くなっています。「あの小さい選手，凄いな」と……そういう意味では放映権を売り込むチャンスでもあります。

本章のまとめ

　今回はデジタルマーケティング，メディアカンパニー，アジア戦略の三つの話をしました。B.LEAGUE では 2026-27 シーズンより新たなフェーズ（フェーズⅢ）に入っていき，それに向けて各クラブは，ソフト・ハード一体経営を目指して夢のアリーナの実現に奔走しています。一方でリーグが今注力すべきは，この 3 施策です。特にデジタルマーケティングへの取り組みを加速させないと，将来の集客施策で大きな遅れを取ることになりかねません。J リーグと同様に権益の多くをリーグに集中させる仕組みである以上，リーグの果たすべき責任は大きいと言えます。

5 財務・ファイナンス

クラブライセンス制度導入に伴う健全経営の促進

1 クラブライセンス制度の導入

今回のお話は財務・ファイナンスがテーマです。これまで私が経験してきた中で言えば，ガバナンスと並んでスポーツ界が弱い部分です。財務基盤整備を大きな目的として導入したJリーグやB.LEAGUEのクラブライセンス制度のお話，ライセンス制度を導入したことで各クラブがどのように変化したのか，財務上の課題やその解決策は何があるのかといったことを考えてみたいと思います。

■ "名門" 東京ヴェルディの凋落

2010年11月1日，Jリーグが法人設立されたのは1991年11月1日ですので，私は銀行を退職してJリーグ創立記念日に転職しました。その頃，Jリーグでは二つの大きな問題を抱えていました。

一つは東京ヴェルディ。1993年のJリーグ開幕戦で横浜マリノスと対戦した名門クラブです。当時は川淵さんが，「地域に根ざしたクラブを創る」と宣言し，参加クラブに対して企業名を外すように要請していました。ファンを拡大し事業を軌道に乗せるためには，地域と向き合うことが最も大事だと考えていたのです。Jリーグが開幕し，爆発的な人気を博していた時代，ヴェルディだけは以前からの「読売ヴェルディ」という名称を使い続けていました。リー

表 5-1　東京ヴェルディのこれまで

1969 年　クラブ創設（読売クラブ）
1993 年　Ｊリーグ開幕，Ｊリーグ初代王者に
1998 年　読売新聞が株主から撤退
2006 年　サイバーエージェントが株主に
（2008 年売却）
2009 年　日本テレビが株主から撤退
2010 年　経営危機により，一時Ｊリーグ直轄運営に
ゼビオと包括スポンサー契約締結
2018 年　ゲーム会社のアカツキが株式取得，同社関連会社に

グの規約上は「ヴェルディ川崎」なのですが，オーナーである読売新聞や日本テレビ，クラブも変更する気はありません。それがナベツネさん（渡邉恒雄：株式会社 読売新聞グループ代表取締役主筆）との対立の種になっていたのです。

とはいえ，所属するのはカズ（三浦知良），ラモス瑠偉，柱谷哲二，武田修宏，北澤豪，都並敏史らそうそうたる顔ぶれで，Ｊリーグ初代王者にも輝いた強豪クラブです。その後，ホームタウンの東京移転など経営改善に努めますが，赤字経営から脱却できず，1998 年シーズン終了後，「ヴェルディ川崎（当時の名称）の赤字は限界に達している」として読売新聞が経営から撤退し，日本テレビを親会社とするクラブになりました。2006 年にはサイバーエージェントが出資しましたが，2008 年には株式を売却して撤退。さらに 2009 年には日本テレビも株式を譲渡して，読売グループはプロサッカーのクラブ経営から完全に撤退することとなりました。

そうした背景もあり，経営規模を大幅に縮小して運営にあたるのですが，経営危機に陥ってしまいます。2010 年 6 月には，チームの存続を前提として，Ｊリーグの関連会社である株式会社ジェイリーグエンタープライズに株式が譲渡され，現行経営陣は辞任することとなりました。新経営陣として，Ｊリーグ羽生英之事務局長が東京ヴェルディの社長に就任します。このこと自体は利益相反の代表のような現象ですが，やむを得ない特例扱いだったようです。ちなみに，2010 年 10 月に羽生事務局長はＪリーグを退職し，東京ヴェルディの社長

に専念しています。

そうした中，東京ヴェルディに助け船を出したのがスポーツ用品店を展開するゼビオです。包括スポンサー契約を締結し，今日までクラブは存続しています。Jリーグ開幕当初に最も輝いていた東京ヴェルディが経営危機に直面し，ネガティブな会見に臨まなければならない状況になったことを見ても，スポーツチームの経営の難しさを感じます。

■愛される地方クラブの苦悩

もう一つは大分トリニータです。こちらは 2002 年 FIFA ワールドカップの日韓共同開催にあたり，当時の県知事が大分での試合開催を招致し，4 万人収容のスタジアムが建設されました。クラブは 1999 年にスタートした J2 に参戦，2003 年には J1 に昇格します。さらに 2008 年，ヤマザキナビスコカップ（現ルヴァンカップ）で優勝を果たしました。

実は，この優勝以前から財政的には火の車，自転車操業のような状況に陥っていました。大口スポンサーの撤退や未払いがあったうえに，優勝したことで選手の年俸が高騰したことも資金繰りを厳しくし，赤字となった要因です。最終的には，Jリーグから 6 億円の緊急融資を受けます。そして，その責任を取って社長は引責辞任，県から新社長が派遣されることになるのです。不透明感のあった財務実態も明らかとなり，債務超過額は約 12 億円であることが判明，チーム成績も振るわず，8 年振りに J2 へ降格します。

大分トリニータがどうしてこのような苦境に陥ったのか。一言で言えば，クラブのガバナンスが健全でなかったということでしょう。親会社を持たずに 12 億円の債務超過。しかし，県が乗り出して何とか立て直そうと努力しました。ではクラブを救おうとした動機は何だったのでしょうか。

大分トリニータが消滅してしまうと，建設した 4 万人収容のスタジアムの主要な利用者がなくなってしまいます。また，約 10 年間にわたり地域に根づいたチームが消滅してよいのか，それを危惧した県は全面的にバックアップする

表5-2　大分トリニータのこれまで

1994 年	クラブ創設
2008 年	ヤマザキナビスコカップ（当時）優勝
2009 年	選手人件費の高騰やスポンサー撤退などにより
	経営危機が表面化
	J リーグから 6 億円の融資を受ける
	同時に地元経済界からの援助も受ける
	J2 降格
2012 年	市民の募金などの協力もあり融資を完済
	J1 昇格
2013 年	J2 降格
2014 年	企業再生ファンドから 3 億 5,000 万円の出資受入
2018 年	再び J1 昇格（2019 シーズン）

ことになり，リーグにも救済の手を差し伸べて欲しいという要請に繋がっていきます。

　2008 年 11 月，ナビスコカップ決勝戦に進出した時のことです。大分 − 羽田間の飛行機はサポーターの移動で満席。旧国立競技場に 1 万人以上が大挙訪れるような大声援を受けていたのです。

　2012 年シーズンは J1 昇格を狙える成績となっていたのですが，J リーグからの融資（当時の融資残高は 3 億円）を返済しない限り J1 昇格は不可との条件が課せられます。これに対して，地元経済界からの支援金，大分県など行政の支出に加え，市民から 1 億円を上回る寄付を集め融資を完済します。その年のJ2 から J1 への昇格ルールは，1 位と 2 位は自動昇格，3 位から 6 位までが昇格決定戦を行うこととなっていました。大分は 6 位でしたが昇格を果たします。昇格決定戦は 11 月，小雨模様で寒い中，旧国立競技場の大分側ゴール裏はサポーターで超満員。飛行機が取れず，フェリーでやって来たというサポーターもいたそうです。それほど地域に根づいていたわけです。映画のようなストーリーでした。

　ここでお伝えしたいのは，読売グループがバックアップしていた名門東京（読売）ヴェルディでもやがて株主から離れていき，経営に行き詰まってしまう

表 5-3　J リーグ公式試合安定開催融資の実績

（単位：万円）

年　　月	クラブ名	融資金額	
2005 年 10 月	ザスパ草津	5,000	
2008 年 8 月	アビスパ福岡	20,000	実行せず
2008 年 12 月	FC 岐阜	5,000	
2009 年 12 月	大分トリニータ	35,000	
2010 年 1 月		25,000	
2011 年 1 月	水戸ホーリーホック	3,000	

ことがある。市民に愛され集客力があるクラブでも突然死のようなことが起きる。これが 2010 年当時の J リーグの現状でした。

■スポンサーの撤退と入場者数の減少

　現在の制度とは違いがありますが，J リーグの「公式試合安定開催融資」を受けたクラブが他にもありました。ザスパ草津，FC 岐阜，水戸ホーリーホックです。

　私が J リーグに転職した直後，水戸ホーリーホックが融資を受けました。その際，水戸市長はこう言われました。「水戸市として全面的にバックアップするので，ホーリーホックを見捨てるようなことはしないで欲しい」と。これは市民を代表する声だったのでしょう。

　そう考えると J リーグは，地域における重要な存在になっているなと，改めて実感します。特に地方のクラブでは，県知事や市長など首長さんが J リーグの事務所を訪問され，市民の声を聞いて欲しい，クラブ存続に支援をお願いしたいとなることが何度かありましたから。

　2010 年頃，J クラブの経営を支えていたのは「広告料収入」「入場料収入」「物販収入」でしたが，プラスで「クラブ配分金（主に放送配信権）」がありました。賞金を除いて，J1 クラブで 2 億円強，J2 クラブで 1 億円ぐらいが配分さ

2015 年 1 月 16 日
愛媛 FC の元経理担当者が，クラブ決算を黒字化させることを目的に，2 年間にわたって不適切な会計処理を行っていたことを発表する J リーグ大河常務理事（当時）

れていました。今は 1.5 倍から 2 倍になっていると思います。

　そんな中，2008 年にリーマンショックがありました。その影響もあり，スポンサーの撤退や親会社の赤字補填が厳しくなっていきます。そこに入場者数の減少が重なり，2010 年頃の J リーグは苦境に陥っていました。

　資金が不足した場合，どう対処するのか……多くは増資で対応します。その増資分が運転資金に回るという，普通の企業では考えにくいことが起こります。同時に予算実績の把握が不十分なケースが多々ありました。

　写真は愛媛 FC の不適切な会計処理に関連する記者発表です。この時は私も愛媛を訪ね，愛媛 FC の社長と一緒に県知事や市長，伊予銀行の頭取などにお詫びの行脚に行くこととなりました。

■ クラブライセンス制度とは

　さて，なぜクラブライセンス制度がその頃に導入されたのか。私が J リーグに転職することとなった一番のきっかけは，アジアサッカー連盟（AFC）がこの制度の導入を加盟国に求めてきたからです。

そこには，常勤のクラブライセンスマネージャーを配置して，クラブの健全経営やサッカーの質を高めるライセンス制度をきちんと運用するように，という働きかけがありました。Ｊリーグには経営諮問委員会が設置され，クラブの経営実態把握と指導を行うミッションがありましたが，残念ながら皆さん非常勤であり，クラブライセンスマネージャーの要件を充足しなかったわけです。

　クラブが破綻して困るのは，リーグはもちろんのこと，地方自治体，応援するファン・サポーターであり，何よりサッカーの価値の低下を招いてしまいます。AFC による常勤のクラブライセンスマネージャー配置という指導のもと，Ｊリーグでの勤務経験があり，財務や法務が理解できる私に，クラブライセンスマネージャー就任のお誘いがあったのです。

　クラブライセンス制度は，もともとは勤勉で生真面目な国民性だと言われるドイツが最初に採り入れた制度です。法律を整備してガバナンスを効かせるのが大陸法系のドイツ流で，英米の慣習法とは異なります。日本の法律はドイツに倣っているところがありますので，クラブライセンス制度は受け入れやすいのではないかと考えていました。

　当時，ブンデスリーガに参加する資格を審査する制度として採り入れたものが，クラブライセンス制度の始まりです。それを高く評価した欧州サッカー連盟（UEFA）が，チャンピオンズリーグに出場するクラブへの審査制度として採用します。

　導入に伴いますます大会の価値が高まり，その動きを見ていた FIFA（国際サッカー連盟）がクラブライセンス制度の採用を決定するという流れになったのです。

■制度導入の経緯

　FIFA は各大陸の連盟に向けて同制度導入の推進を図り，AFC では 2013 年シーズンからの導入を決定，アジア加盟各国のサッカー協会に同制度の整備を通達しました。JFA とＪリーグは，2012 年 2 月 1 日から，国内向けのクラブ

ライセンス制度を施行すると決定します。

　私は 2010 年 11 月に J リーグ転職後，クラブライセンス制度施行の準備を進めました。東京ヴェルディや大分トリニータ問題を見てもわかる通り，クラブライセンス制度において，最優先で取り組まなければならないのは財務要件だと考えていました。しかし，2011 年 3 月に東日本大震災が発生します。リーマンショックがあり，立ち直りのきっかけを掴もうとしている矢先にダブルパンチという状況でした。

　AFC はアジアチャンピオンズリーグの参加要件として，ライセンス制度の導入を求めましたが，日本のサッカー界では，ドイツと同じ位置づけ，すなわち J リーグの参加資格としてもライセンス制度を採用することに決めたのです。そのため，2012 年 9 月にはライセンスの交付不交付を判断する，というスケジュールとしました。

　J リーグのクラブは，定められた基準を充足したうえでクラブライセンスの交付を受けます。クラブライセンス制度は，そう簡単に規則（ルール）を整備できるものではありませんので，AFC はひな型を作ってきました。「こういう条項を入れなさい」というもので，それを日本流にアレンジすればよいというものです。

　財務でいえば，「適正な決算資料があること」程度の記述しかない。それをどうアレンジするかは日本が考えればよい，というものです。「J リーグクラブライセンス交付規則」は法務委員会で議論し，最終的には実行委員会，理事会を経て社員総会（株式会社における株主総会と同じ位置づけ，最高意思決定機関）に諮って決定したという経緯があります。

　その後，J3 がスタートしましたが，J3 クラブはアジアチャンピオンズリーグに出場する可能性が低いため，J3 クラブが現実的に対応できるよう，少し緩やかな制度としています。

■財務だけでないライセンスの意義

　ここまで財務のお話をしてきましたが，クラブライセンス制度の目的はと言うと，Ｊリーグのオフィシャルサイト等に記載されているとおり，財務のことだけではなく，サッカーの競技水準や施設的水準の持続的な向上などが含まれます。

　そこには五つの基準がありますが，最初に定められているのが競技基準です。では何が書かれているかというと，トップチームの選手についての記載というより，アカデミー，いわゆるユース世代の選手の育成に関する内容が多くなっています。

　なぜなら裾野を広げること，子どもたち，育成世代をしっかりと育てることがサッカーの普及，そして発展に繋がると考えているからです。バスケットボールも現在同じ考え方で進めています。

　ふり返ってみると，日本サッカーはメキシコオリンピックで銅メダルを獲得しました。今と違ってプロは出場していませんが銅メダル。釜本邦茂さん，杉本隆一さんら名選手が揃ったことに加えて，メキシコ大会の前，東京オリンピックを控えてサッカー日本代表を強化しようとドイツから招いたデットマール・クラマー氏の指導を受けた選手たちが全盛期を迎えたことも大きな要因でした。

　ところがメキシコオリンピック以降はオリンピック出場が途絶え，ワールドカップには一度も出場したことがありませんでした。大きな理由は，東京・メキシコオリンピックに向けてエリート選手だけを強化したことで，その選手たちが全盛期を過ぎた時，後に続く選手が育っていなかったからです。そこでユース世代の強化・育成に力を注ぐようになりますが，それこそが競技強化の原点と言えるでしょう。

　2002年の日韓共催ワールドカップの初戦，日本が対戦したのはベルギーでした。日本はベルギーと2－2で引き分けましたが，当時は「ベルギーなら勝てるかもしれない」という下馬評でした。16年後の2018年，ロシアワールド

カップにおけるベルギーの立ち位置はどうだったかというと，世界でトップ3
に入る強豪国となっていました。

日本はこの時も対戦し，2点先取しながら，2−3と逆転負けを喫します。
好ゲームだったのですが，ベルギーに勝てると思っていたサッカーファンは，
戦う前には少なかったというのが本当のところでしょう。日本サッカーの強化
育成は，国内の他競技と比べると先進的だったはずです。どうして差がついて
しまったのか。それは日本以上にベルギーが育成に力を注いでいたからです。

■ 競技力向上のために

ベルギーにフットパスというシステムがあります。外部の第三者機関が各ク
ラブから提出された資料を検証し，訪問してヒアリング，さらには練習や試合
の分析を通じてクラブの育成組織を定量的に評価する仕組みとなっています。
大きな狙いは，指導方法や選手の評価基準を言語化することによって，ノウハ
ウを属人化することなくシステム化することにあります。

フットパスのシステムを導入したドイツでは，クラブの育成組織をそのシス
テムを使って評価します。そして，育成の成果を挙げているクラブに育成資金
を多く渡す傾斜配分を行っています。日本は日本なりに頑張って育成に取り組
んできたのですが，そうした科学的な育成に対する取り組みに差が出てしまっ
ていたのだと思います。

次が施設基準です。施設的水準の持続的な向上とは，サッカーにおける安全
で快適なスタジアムの整備であり，適切なトレーニング施設の整備です。ヨー
ロッパではそうしたスタジアムが多数ありますし，メジャーリーグサッカー
（MLS：アメリカ）では新しいスタジアム計画がないと入会ができません。日本
のスタジアムの中には，屋根がなく陸上トラックがあるため球技観戦には適し
ていないものが多数存在します。そして，ハーフタイムにはトイレに大行列が
できる。そんな光景がよく見られます。

クラブの経営安定化には財務基盤の確立だけではなく，人事体制・組織運営

表 5-4　クラブライセンス制度導入前後の財務状況

クラブライセンス制度導入前	クラブライセンス制度導入後			
38 クラブ	40 クラブ			
	2011 年度	2012 年度	2013 年度	2014 年度	2015 年度
営業利益	728 億円	773 億円	793 億円	838 億円	897 億円
広告料収入	333 億円	351 億円	372 億円	405 億円	430 億円
入場料収入	142 億円	153 億円	164 億円	161 億円	170 億円
営業費用	729 億円	766 億円	796 億円	837 億円	884 億円
チーム人件費	328 億円	333 億円	353 億円	369 億円	387 億円

単位：クラブ数	2011 年度	2012 年度	2013 年度	2014 年度	2015 年度	該当クラブ（2015 年度）
単年度赤字	18	13	12	8	5	鹿島・柏・新潟・清水・愛媛
3 期連続赤字	4	6	5	0	0	なし
債務超過	11	9	11	0	0	なし

出典：J リーグ HP をもとに作成

基準や法務基準を設け，しっかりとしたクラブ運営を行う必要があります。

　そうした基準をクリアした結果として，サッカーがより魅力的で，観客やパートナーなどのステークホルダーに信頼されるスポーツとなるのです。

　クラブライセンス制度導入時に，「こういう制度（財務の要件で3期連続赤字，債務超過はダメ）を採り入れると，必ず縮小均衡になりますよ」と，多数のクラブから言われました。ところが，結果的にどういう現象が起こったのか。

　2011 年度をボトムに，収入もチーム人件費も右肩上がりとなっています。新型コロナ感染拡大の影響が出るまではこの傾向が続きました。これはまさに，制度導入による経営の緊張感が良い方向に作用した結果に他なりませんし，2014 年度（2015 年1月決算）には債務超過クラブ，3期連続赤字クラブはゼロとなりました。

　コロナ禍で新たな問題が噴出していますが，クラブはなんとか持ちこたえています。もしもクラブライセンス制度を導入していなかったら，今頃複数のクラブが破綻の危機にあったのではないかと考えています。

■審査項目

　Ｊリーグのクラブライセンス制度は五つの審査基準，57の項目で構成されています（図5-1）。

　施設基準に関連するお話をします。かつて AFC の視察があり，サガン鳥栖やコンサドーレ札幌のスタジアム（札幌ドーム・札幌厚別公園競技場）などを回りました。背もたれのない椅子はカウントしない，和式トイレは数に入れないなど，細かなチェックがありましたが，札幌ドームに関しては，素晴らしいとお褒めの言葉があった，というエピソードがあります。

　人事体制・組織運営基準を忠実に遵守すると，新しいクラブを作ることができます。プロフェッショナルなクラブ経営を実現するため，一定のノウハウおよび経験・スキルを有する人材を配置しなければいけないといったことが定められており，クラブ作りの教科書のようなものと言えるでしょう。

　法務基準では規約規程の遵守の他，クロスオーナーシップ禁止などの項目が

【審査基準】
競技基準：育成部門の整備や選手との契約締結義務など（7項目）
施設基準：スタジアム、練習場の確保やそれらのスペックなど（17項目）
人事体制 / 組織運営基準：部門別担当者の配置など（19項目）
法務基準：競技規則、Ｊリーグ規約の遵守義務など（6項目）
財務基準：適法かつ適正な決算、監査の実施など（8項目）

【等級基準】
「Ａ」等級：達成必須、達成しなければライセンスが交付されない
「Ｂ」等級：未達成の場合は、制裁が科された上で、ライセンスが交付される
「Ｃ」等級：達成が推奨されるもの。ライセンス交付には影響しない

図5-1　Ｊリーグのクラブライセンス制度
出典：Ｊリーグ HP をもとに作成

あります。例えば，Aという企業がある二つのクラブに相当程度の影響を持つ出資をしていたとすれば，八百長の源泉になるからダメという意味です。かつて浦和レッズの親会社は三菱自動車で，三菱自動車が日産自動車の系列に入った時に協議の対象になりました。結論として，クロスオーナーシップと見做される裁定が下されました。個人的には，その株を市民やサポーターに開放すれば，新たな浦和レッズが誕生するのではないかと考えましたが，結局は三菱重工が株を引き受けることとなりました。

　財務基準では，3期連続赤字や債務超過はライセンス不交付の対象になりますと明文化しました。2012年を起点としていましたから，2014年度（2015年1月決算）の決算時に3期連続赤字と債務超過クラブはなくなりました。

■交付フロー

　クラブライセンス交付フロー（図5-2）における要のポジションは「ライセ

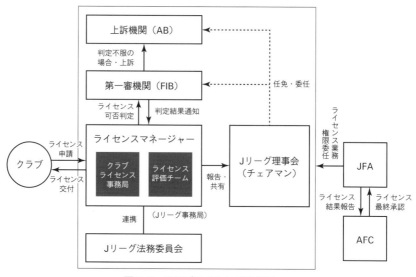

図5-2　クラブライセンス交付フロー

出典：Jリーグ HP をもとに作成

ンスマネージャー」です。私がJリーグに転職した時の役職になります。ライセンス事務局を組成し，審査項目が遵守されているかを調査しているのですが，クラブの財務状況を精査する「クラブライセンス評価チーム」を併設し，その業務を適切に進めるべく，監査法人と税理士法人の3法人と契約しました。

まずはクラブがライセンスを申請します。それを受けて，ライセンスマネージャーを中心に審査項目をチェックします。ライセンスの可否は第一審機関（FIB）が判定をし，その結果をクラブに通知します。

不満がある場合は上訴機関（AB）に対して判定を不服として上訴します（二審制）。その結果をクラブに還元するのですが，Jリーグ理事会は判定プロセスに関与することはできません。クラブライセンス制度の仕組みは三権分立，サッカー界では司法機関を独立させる方向で動いています。コストはかかりますが，申請料（1件につき30万円）を活用しながら運営しています。

こうした交付フローを経て，最終的にはJFA経由でAFCに結果を報告し，ライセンスの最終承認がAFCによってなされる仕組みとなっています。

2 ライセンス制度導入後のJリーグ

クラブライセンス制度を導入後のJリーグはどうなったかを見ていきましょう。立派なJリーグという「木」を育てていくためには，「根を深く広く張る」こと。それは育成の面でもそうですし，地域に根ざしたクラブが多く存在すること自体，根を深く広く張るということになります。そして，「幹を太くする」ことと「高く伸ばす」こと。この三つの要素が不可欠だと，当時から言い続けてきました。

その中で，クラブライセンスの役割というのは，「幹を太くする」ための施策だと思っています。緊張感ある経営は，収支の改善，連続赤字・債務超過の回避にかなりの効果を得ていると思います。

■ クラブの財務状況推移

　表 5-5 を見ていきますと，営業収益は 2011 年度，東日本大震災により多大
な影響を受けたシーズンをボトム（728 億円）に，2019 年度には 1,325 億円とな
りました。近年 J3 のクラブ数が増えた影響はありますが，J3 クラブは 10 ～
20 億円という売上規模ではありませんので，営業収益にはさほど大きな影響
はないと思ってください。以前，「早く 1,000 億円に到達しないだろうか」と
考えていましたが，今ではそれを超えて，広告料収入，入場料収入，リーグ配
分金のいずれも増加しています。

　2017 年度に配分金が約 2 倍（62 億円→ 123 億円）となっています。これはいわ
ゆる「DAZN 効果」と言われているものです。DAZN と 10 年 2,100 億円の契
約を結んだ結果，配分金が増加しました。営業費用，チーム人件費もコンスタ
ントに伸びています。

　1,000 億円に到達しないだろうか，と思いを巡らせていた頃，J3 のクラブが
増えても（到達が）早期に実現しないだろう，そう考えていました。全体の収

表 5-5　J リーグ実績推移

（単位：億円）

年度	2011	2012	2013	2014	2015	2016	2017	2018	2019
営業収益	728	773	793	868	937	994	1,106	1,257	1,325
広告料収入	333	351	372	422	453	483	516	595	640
入場料収入	142	153	164	164	175	183	193	193	216
リーグ配分金	61	62	61	62	59	62	123	129	135
営業費用	729	766	796	870	924	978	1,090	1,231	1,346
チーム人件費	328	333	353	380	399	423	497	582	644
入場者数（万人）	727	805	835	876	917	942	971	977	1,040
クラブ数	38	40	40	51	52	53	54	54	55
単年度赤字	—	13	17	13	7	13	14	18	23
3 期連続赤字	—	6	5	1	0	0	0	1	1
債務超過	—	9	12	2	0	0	0	0	0

出典：J リーグ HP をもとに作成

益を伸ばすためには，トップクラブの収益がグッ〜と伸びていかなければなりません。当時中国の広州恒大の売上は 100 億円を超えていました。浦和レッズが 2007 年に AFC チャンピオンズリーグで優勝した時に 80 億円近くまで収入が伸びましたが，その後下降していきます。

　日本における 100 億円クラブ実現の可能性について，当時リーグの担当者があれやこれやと試算していましたが，広告料収入や入場料収入，グッズの売上等々を積み上げてみても「100 億円は無理です」とのこと。個別に積み上げた数字で経営目標を立てても，大きな目標をクリアできる企業（クラブ）は少ないと思います。

　私自身，B.LEAGUE 立ち上げの際に，「リーグ全体で 300 億円の収益，300 万人の観客動員」という目標を掲げました。ある程度の裏付けは持ちながら，「これぐらいいくぞ！」と先にトップダウンで大きな目標を決めたほうが効果的だと思います。

■営業収入主要項目

　J リーグが 1,000 億円の営業収益，100 億円クラブの出現を達成し，感慨深いものがありました。単年度赤字のクラブは散見されましたが，債務超過とはならないように，どのクラブも努力を怠りませんでした。それがクラブ経営の緊張感＝ガバナンスなのかもしれません。

　図 5-3 を見ると，スポンサー収入が一番伸びています。この代表はヴィッセル神戸のようなケースでしょう。ただ他の項目も順調に拡大し，中でも J リーグ配分金は 2017 年度に非連続な伸びを見せています。

■総入場者数

　では入場者数の推移はどうでしょうか。図 5-4 の真ん中の点線が J1 です。J2 や J3 はチーム数が増えた影響があり，入場者数は増加しています。J1 は 18 チームで 1999 年度が J1 と J2 に分かれたシーズンです。2001 年度に 397 万

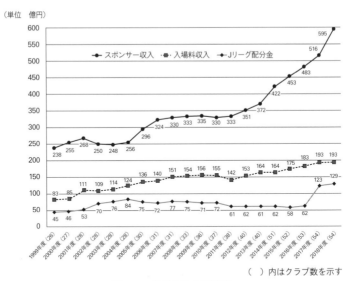

（単位　億円）

（　）内はクラブ数を示す

図 5-3　営業収入主要項目

出典：Ｊリーグ HP をもとに作成

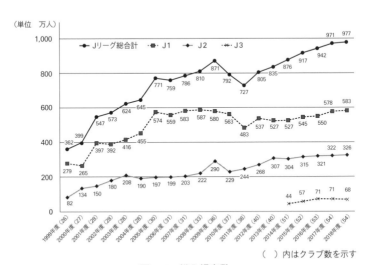

（単位　万人）

（　）内はクラブ数を示す

図 5-4　総入場者数

出典：Ｊリーグ HP をもとに作成

人を記録していますが，2002年日韓共催ワールドカップのために4万人規模のスタジアムが完成したことが要因です。サッカー専用ではないスタジアムがあるのは少し残念ですが，収容数が大きな屋根付きスタジアムができたことから伸びを見せ，2005年度以降の6シーズンは500万人を優に超えています。

ちょうど浦和レッズやガンバ大阪がアジアでチャンピオンとなった頃です。ここでJリーグの入場者数はいったんピークを迎えます。第一のピークがJリーグ発足当初だとすれば，第二のピークと言えます。第一のピークでは開幕シーズンに1万6,000人前後だった入場者数が2シーズン目に1万9,000人ぐらいまで増え，その後Jリーグブームが去って下降，1試合平均入場者数が1万人ぐらいまで落ち込みました。第二のピークの後は，東日本大震災の影響でガクッと落ち込んでしまいます。2017年以降はデジタル戦略が功を奏し，1試合平均で2万人ほどとなっています。第三のピークがきて入場者数は順調に推移していましたが，新型コロナ感染拡大の影響を受け，現在は苦戦中です。

■ 各クラブの財務指標

2019年度J1クラブの決算を見ていきましょう（表5-6）。営業収益は一番大きなヴィッセル神戸が約114億円，浦和レッズが約82億円。浦和は過去にもこの数字に近づきましたが，当時よりもスポンサー収入が増えています。入場料収入は安定的に20億円強を継続しており，J1では突出した数字です。入場者数はもとより，サッカー専用スタジアムで，チケット単価も高く設定されているからでしょう。

一方，営業収益の少ないクラブはと言えば，大分トリニータ約19億円，サガン鳥栖約26億円，ベガルタ仙台と湘南，松本山雅が約27億円ですから，事業規模により戦力格差が生じていると言えるでしょう。

チーム人件費の項目を見ると明らかなように，ヴィッセル神戸が突出しています。1勝するための人件費もヴィッセル神戸は非常に高額となるでしょう。チーム人件費は約69億円を計上していますが，選手の年俸以外に監督・コー

表 5-6 2019年度 J1クラブ決算

1. 損益総括

（単位：百万円）

	札幌	仙台	鹿島	浦和	FC東京	川崎F	横浜FM	湘南	松本	清水	磐田	名古屋	G大阪	C大阪	神戸	広島	鳥栖	大分	J1総合計	J1平均
	2020年1月期	2020年1月期	2020年1月期	2020年1月期	2020年1月期	2020年1月期	2020年1月期	2020年3月期	2020年1月期	2020年1月期	2020年1月期	2020年1月期	2020年1月期	2019年12月期	2019年1月期	2020年1月期	2020年1月期	2020年1月期		
営業収益	3,599	2,711	6,768	8,218	5,635	6,969	5,884	2,701	2,711	4,291	3,813	6,912	5,513	3,786	11,440	3,737	2,561	1,866	89,115	4,951
スポンサー収入	1,440	1,165	2,303	3,841	2,419	2,263	2,263	1,129	1,145	1,937	1,877	4,077	1,863	1,707	7,405	1,582	810	726	39,832	2,213
入場料収入	779	615	996	2,300	1,104	1,042	1,286	438	695	702	531	1,221	1,247	677	1,260	547	760	472	16,672	926
Jリーグ配分金	585	360	775	468	406	1,672	384	324	371	376	500	376	379	479	376	766	360	382	9,439	524
アカデミー関連収入	26	77	257	12	418	216	375	87	30	338	198	225	211	0	266	80	76	44	2,936	163
物販収入	259	244	842	903	297	835	702	230	249	443	337	562	536	258	531	302	276	45	7,851	436
その他収入	510	250	1,595	694	991	941	874	493	221	495	370	451	1,277	665	1,602	461	279	197	12,386	688
営業費用	3,826	2,956	6,673	8,082	5,552	6,168	5,880	2,667	2,674	4,289	3,950	6,827	5,339	4,263	11,005	3,711	4,459	1,678	89,999	5,000
チーム人件費	1,698	1,296	2,936	3,228	2,736	2,958	2,684	1,263	1,430	1,729	1,995	3,973	2,434	2,406	6,923	1,931	2,528	860	45,008	2,500
試合関連経費	376	150	518	650	492	260	345	153	263	251	435	330	591	302	308	327	469	138	6,358	353
トップチーム運営経費	261	237	377	572	501	359	459	137	185	501	294	483	457	520	780	369	200	159	6,851	381
アカデミー運営経費	68	83	178	75	259	201	140	46	71	243	174	162	175	136	137	7	45	68	2,268	126
女子チーム運営経費	0	129	0	84	0	0	0	0	0	0	0	0	0	0	0	0	0	0	214	12
物販関連費	188	167	620	542	247	689	437	197	123	301	269	324	398	167	401	224	244	20	5,558	309
販売費および一般管理費	1,235	894	2,044	2,931	1,317	1,824	1,754	627	627	1,264	783	1,555	1,284	868	2,457	723	973	432	23,742	1,319
営業利益（▲損失）	▲227	▲246	95	136	83	801	4	34	37	2	▲137	85	174	▲477	435	26	▲1,898	188	▲884	▲49
営業外収益	89	9	5	16	11	3	23	7	35	17	32	18	0	0	67	12	2	5	351	20
営業外費用	10	2	11	13	3	2	6	6	7	11	6	271	0	6	259	1	117	70	801	45
経常利益（▲損失）	▲148	▲238	89	139	91	802	21	35	65	8	▲111	▲168	174	▲483	243	37	▲2,013	123	▲1,334	▲74
特別利益	0	0	0	0	0	0	0	0	0	0	0	0	0	200	0	0	0	0	200	11
特別損失	0	193	0	0	0	0	0	29	0	0	148	0	0	0	0	0	0	0	370	21
税引前当期純利益（▲損失）	▲148	▲431	89	139	91	802	21	6	65	8	▲259	▲168	174	▲283	243	37	▲2,013	123	▲1,504	▲84
法人税及び住民税等	1	▲4	86	77	41	240	1	2	32	6	1	0	75	0	0	15	1	▲9	565	31
当期純利益（▲損失）	▲149	▲428	3	62	50	562	20	4	33	2	▲260	▲168	99	▲283	243	22	▲2,014	132	▲2,070	▲115
関連する法人（アカデミー・女子サッカーなどビジョン及びその他／関連する事業を運営する法人）の営業収益	269	133	―	260	―	―	―	464	116	―	―	―	―	2,146	―	―	―	―	―	―

2. 貸借対照表

（単位：百万円）

	札幌	仙台	鹿島	浦和	FC東京	川崎F	横浜FM	湘南	松本	清水	磐田	名古屋	G大阪	C大阪	神戸	広島	鳥栖	大分
	2020年1月期	2020年1月期	2020年1月期	2020年1月期	2020年1月期	2020年1月期	2020年1月期	2020年3月期	2020年1月期	2020年1月期	2020年1月期	2020年1月期	2020年1月期	2019年12月期	2019年1月期	2020年1月期	2020年1月期	2020年1月期
流動資産	1,291	864	2,266	792	2,111	1,351	1,704	838	895	521	760	1,279	482	736	1,922	1,123	451	469
固定資産	615	496	1,718	2,349	624	2,024	474	114	352	631	876	1,496	1,487	253	1,793	393	244	139
資産の部 合計	1,906	1,360	3,984	3,141	2,735	3,376	2,178	953	1,247	1,152	1,636	2,776	1,969	989	3,716	1,516	696	608
流動負債	890	694	1,528	1,293	454	1,145	1,977	834	457	1,014	739	2,026	1,292	891	2,278	518	652	382
固定負債	491	310	287	229	0	129	135	9	17	113	75	178	66	85	136	43	23	0
負債の部 合計	1,381	1,004	1,815	1,522	454	1,274	2,112	843	474	1,127	814	2,204	1,358	976	2,414	561	675	382
資本金	1,287	630	1,570	273	454	1,187	349	99	474	550	679	105	10	485	98	220	674	40
資本剰余金等	376	177	147	113	1,094	358	10	11	0	0	0	467	601	472	1,204	52	2,039	146
利益剰余金の部	▲1,138	▲451	452	1,233	733	557	▲293	0	299	▲525	143	0	0	▲944	0	683	▲4,207	40
資本（純資産）の部 合計	525	356	2,169	1,619	2,281	2,102	66	110	773	25	822	572	611	13	1,302	955	21	226

注1 損益の各数字は百万円未満を四捨五入しているため、合計が一致しないことがある。
注2 上記損益はクラブ単体の数値である。クラブが運営する公益法人又はNPO法人・一般社団法人が運営している事業については、アカデミー関連及びその他の収入に含まれないことがある。
注3 「物販収入」および「物販関連費」は、代理販売を行っているケースもあることから、各社の決算書でのクラブ間比較はできない。
注4 固定資産等の区分は、各社決算書を基に表示している。

出典：JリーグHP より

チなどチームスタッフの人件費が含まれています。対外公表はしていませんが，Ｊリーグ内では選手人件費のみの金額も報告されています。

ある雑誌の取材で聞かれたことが，「神戸はファイナンシャル・フェアプレーに違反していませんか？」ということでした。欧州サッカー連盟（UEFA）では，親会社やオーナー関連企業とのスポンサー契約が適正価格を上回っていないかをチェックする，確かにそうかも……約 110 億円の営業費用のうち 70 億円弱（全体の 60 ％以上）がチーム人件費として強化に使われている。また，営業収入約 114 億円のうち，スポンサー収入が約 74 億円，おそらく親会社である楽天関連の収入が中心でしょう。そう考えると，金額感も含めて，他クラブとは異質な財務諸表となっています。

例えば，浦和レッズを見ますと，営業収益約 82 億円のうちスポンサー収入は約 38 億円で 50 ％以下です。入場料収入は 23 億円で 30 ％弱ぐらいあり，バランスが取れています。ヴィッセル神戸や当時 J2 の柏レイソル，大宮アルディージャなどはスポンサー収入の割合が圧倒的に高い。それをファイナンシャル・フェアプレーというのか，と問われれば，海外リーグであれば「アウト」と判断される可能性があります。合理的に説明できない収入はフェアではない，という考えがファイナンシャル・フェアプレーです。日本の場合は，その前に「債務超過にならないように」とか，「連続赤字は避けてください」というところから始めていますので，その点で事情が多少違っているのです。

次は簡易なバランスシートです。以前からそうですが，現預金だけではありませんが，FC 東京は流動資産が大きく純資産も大です。

私がＪリーグで理事を務めていた 2015 年と比べれば，売り上げを大きく伸ばしているクラブが複数あります。例えば，鹿島アントラーズは 40 億円程度から 68 億円と大きく増えています。FC 東京，名古屋グランパス，ガンバ大阪も当時 40 億円程度の売り上げだったところ，それぞれ 56 億円，69 億円，55 億円まで増やしています。川崎フロンターレはリーグ優勝に伴う配分金の増加を要因として，こちらも大きく飛躍しています。他にも飛躍しているクラ

ブが見受けられます。Jリーグを離れて5年ぐらい経つと隔世の感があるなと思います。

トピックスとしてお話したいことが鹿島アントラーズの「その他収入」です。リーグ屈指の数字を上げていますが，その理由は何なのかというと，カシマサッカースタジアムの指定管理料や，年度によって違いますが選手の移籍金が計上されているのだと思われます。他にも芝生の販売収入があると聞いています。

別の角度から見ると，「利益余剰金」がマイナスになっているクラブが減りました。いわゆる「繰欠」です。クラブにより事情は違うと思いますが，資本金＋資本剰余金の額と利益剰余金のマイナス（繰欠）が均衡しているケースでは，減資を検討すべきかと思います。実際に減資＋増資をしてきた歴史があります。

次にB.LEAGUEのクラブ決算です。細かな説明は省きますが，B.LEAGUEを見ると繰欠等々あるものの，クラブ経営は身軽だと言えます。以前お話した通り，抱えている選手数が少なく，それなりに試合数がある。コンパクトな経営が可能で，Jリーグよりも黒字化しやすいと考えられます。

比較的手軽に運営ができるうえに，アリーナの整備が進んでいく予定が多くあります。オリンピックやワールドカップへの出場も実現し，B.LEAGUEのクラブに投資を考えるオーナーチェンジが起きやすい環境だと思います。

3 財務上の課題と解決策

ヨーロッパと日本のファイナンシャル・フェアプレー（FFP）規則はどう違うのでしょうか。ヨーロッパでは，クラブライセンス制度とは別にファイナンシャル・フェアプレー規則を制定しています。例えば，個人のポケットマネーをドンとつぎ込み，チームを強化するといったことを回避する意図があります。

■欧州の FFP：日本との違いと事例

　UEFA に加盟するプロサッカークラブの財政健全化を目指し，2011 年から導入され，2014 年から正式に施行された規則です。マンチェスター・シティーやパリ・サンジェルマンなどのクラブが罰則を受けています。

　FFP の規則は移籍金や人件費などの支出が，受取移籍金や入場料，テレビ放映権料，大会賞金，スポンサー収入等，サッカーで得た収入を上回ることを禁止しています。金融機関からの借入金やオーナーの資産で赤字を補填することもできません。

　ただ，サッカークラブの本質である育成費用，スタジアムや練習場などの施設整備の費用は支出にカウントされません。サッカーを発展させるための本質部分は例外と考えているのでしょう。

　審査は過去 3 年間の合計で行い，2014-15 シーズンまでは過去 3 年間トータルで 4,500 万ユーロ，2017-18 シーズンまでは同 3,000 万ユーロの赤字まで許容されましたが，2018-19 シーズン以降，赤字は許されなくなりました。段階的に赤字幅を縮減させようとしたのです。

　ちなみに，移籍金はサッカーでよく耳にする言葉です。まだ契約期間が満了していないのに他クラブに選手が移籍した際，移籍先のクラブから違約金（契約途中での解除）として支払われるお金のことです。

表 5-7　欧州の FPP 違反事例

クラブ名	時期	影響・対応等
マンチェスター・シティ	2014 年	オーナー一族の経営する企業と巨額のスポンサー契約を締結
パリ・サンジェルマン	2014 年	カタール観光局と巨額のスポンサー契約を締結
インテルナツィオナーレ・ミラノ	2015 年	主力選手の放出に迫られチームが弱体化
AC ミラン	2012 年	主力選手を放出しチームは弱体化，中国企業が買収
AS ローマ	2015 年	主力選手の売却（移籍）により資金を確保
パナシナイコス	2018 年	UEFA 主催大会の出場権を 3 年間剥奪

できれば有力選手とは複数年契約をして，もし移籍することになっても移籍金が入るようにしておくことがクラブ経営マネジメント上は必要となってきます。もちろん相対の契約なので，クラブ側の思い通りにならないことがありますが。

このFFPに違反した場合は，罰金，UEFAチャンピオンズリーグやUEFAヨーロッパリーグの選手登録人数の制限，あるいは出場権剥奪といった制裁が科されます。それまで赤字経営を続けていたクラブは経営方針の転換を迫られ，高額年俸の選手売却，補強の制限などのケースが出てきます。

■ 健全経営とは

ライセンス制度を導入する際，名古屋グランパスと横浜Ｆマリノスからよく言われたのが，「我々は地方のクラブと違い，トヨタ自動車や日産自動車がスポンサー（親会社）ですから何の問題もない」ということ。名古屋グランパスは3期連続赤字があり，横浜Ｆマリノスは債務超過でした。債務超過だと通常は資金繰りが厳しくなるのですが，横浜Ｆマリノスの場合，日産グループ内で資金調達が可能な状態であり，クラブからすれば「どこが問題なのか？」というわけです。

しかしながら，経営をしていくうえで一番大事なキャッシュを親会社に頼っていると，今は親会社を取り巻く経営環境に問題はないとしても，いざ不景気となった時に「クラブへの投資を継続していてよいのか」となって問題が生じかねません。実業団スポーツはそうした歴史を繰り返してきました。新日鉄（現日本製鉄）や日本鋼管（現JFEスチール）など，鉄鋼業界は大企業ばかりでしたが，多くのスポーツチームを手放しました（残っているのは神戸製鋼のラグビーぐらいでしょうか⁉）。他にも，銀行，航空，自動車など，実業団チームを廃部した事例は数えきれないくらいあります。

それに，大きな親会社があるからという理由で赤字や債務超過が許されるとしたら，他のクラブに対して説明がつきません。そこは何度も丁寧に向き合い

ました。東京ヴェルディの例を見てもわかるように，毎年赤字を垂れ流すスポーツチームのままでいると，親会社企業には株主，取引先，従業員を大切にする義務があるので，いつ撤退を決断されてもおかしくないのです。そのような思いを抱きながら，Jリーグやスポーツ界がよくなるようにと努めていました。

■ 大きな親会社・大きな投資家

次にヴィッセル神戸と楽天です。もともとは神戸市がチームを運営していました。1997年，17番目のクラブとしてJ1に昇格しています。1995年1月1日にヴィッセル神戸としてスタート。当時はダイエーがメイン株主となり，「株式会社神戸オレンジサッカークラブ」が設立されました。ところが，1995年1月17日に阪神淡路大震災が発生し，神戸市を創業地とするダイエーは撤退します。

そこで神戸市が引き受け手となったのですが，メインとなるスポンサーは現れず経営は苦戦が続きます。2003年12月，約42億円の累積赤字を抱え，民事再生法の適用を申請し実質的に破綻します。それを救済したのが神戸市出身で楽天の代表取締役である三木谷浩史氏です。個人資産管理会社関連である「クリムゾンフットボールクラブ」を設立して，チームの営業権を譲り受けました。

2005年からの業績を見ると，営業損益や経営損益などは大きなマイナスの連続です。普通なら倒産しますが，それを回避できたのは運営会社が増資や貸付をしていたからです。しかし，クラブライセンスのルールに則り，2014年には約17億円の純利益を計上し債務超過を解消します。その後は楽天に株が譲渡され今日に至っています。

東京ヴェルディとヴィッセル神戸の例から考えると，チケット収入は営業収入の最低何％以上という下限や，スポンサー収入は最高何％以下という上限を設けることを検討すべきとの声が上がってよいのかもしれません。

日本のクラブは，ヨーロッパの一流と言われるクラブと比べれば事業規模が小さいので，もっと大きく成長していくために三木谷氏のようなオーナーが出現し，ビッグクラブとなって欲しいという考え方はあるでしょう。事実，欧米のプロチームは大きな投資家がバックについていることが多々ありますから。ただ，どこかでこの問題を議論する必要はありそうです。

■ 公式試合安定開催融資制度

B.LEAGUE には「公式試合安定開催融資制度」というものがあります。クラブが資金難によって公式試合の開催が危ぶまれる事態になった場合に，大会終了までの間の必要資金をリーグが融資する制度です。レギュラーシーズンを無事に終了させる目的の制度です。

- ◆融資残高 3 億円を上限として，原則 1 クラブにつき 1 億円を上限に融資
- ◆融資実行の可否は，調査結果を踏まえて理事会が審議のうえ決定
- ◆融資を受けるクラブには，制裁として勝率の計算に際しての勝ち数を 5 減じる
- ◆返済期日までに返済できなかった場合，翌シーズンのクラブライセンスは取り消し

モラルハザードの観点から，あらかじめ融資実行時の制裁が決められているのです。最初にこの制度を適用した例は 2017 年の鹿児島レブナイズでした。私も鹿児島に赴いて募金活動のお手伝いをしました。それも功を奏したのか，実際には融資は回避されました。ところが，実は融資を決定した時点で困ったことがありました。というのも，制裁として減じる勝ち数 5 に対し，鹿児島が挙げていた勝利数がその時 3 勝か 4 勝で，（減じるにも）勝ち数がマイナスになってしまう。その場合，どうすればいいのか悩みましたが……。

J リーグでは同様の制度ができてから適用した例はないのですが，B.LEAGUE では実例が発生しています。2019 年 4 月，理事会承認の下，ライジ

ングゼファー福岡に適用することとなりました。シーズン当初に計画していた資金調達が困難となり，スポンサー料が未払いに。クラブの資金繰りが圧迫され，資金ショートを起こしたのです。このままでは残りの公式試合を安定的に開催することが困難と判断されたのです。

融資条件は以下の通りです。

◆ 貸付金額：3,430 万円（選手給与や予約済み体育館使用料等の優先度が高い支払い分）

◆ 返済期限：2019 年 5 月 13 日（公式戦最終日）

◆ 制裁：勝ち数 5 減＋返済不能の場合に来シーズンの B1 ライセンス不交付

融資をしても，返済されるかどうかはわかりません。普通は返済されるとは考えにくく，そうなると損金となる可能性が高い。それでも融資をする理由は，リーグ戦が途中で中止になる経済的損失およびレピュテーション（評判・風評・信用）リスクとの比較です。

この場合，福岡と対戦するクラブは試合ができないので，その分のチケットが払い戻しとなります。遠征のために予約していた旅費や宿泊代，練習場の使用料等々の負担が発生するかもしれません。経済的損失とレピュテーションを考慮すると，リーグ戦が終盤を迎えていたこともあり，破綻させるよりは最後まで試合ができるように融資したほうがよいとの判断に至りました。

結果的には，チームを救済するスポンサーが現れて，融資は返済されました。奇跡的と言ってよいかもしれません。現在は「やずや」がメインスポンサーとなっています。

■ リスク対応力

リスク対応力の話をします。まずは，プロ野球には財務面でのリスク対応力があるという話です。決算公告を出している球団の資産・負債・株主資本をわかる範囲で確認しました。

例えば横浜 DeNA ベイスターズは 12 月決算ですが，資産合計が約 140 億円で負債合計は約 100 億円，株主資本が 40 億円ぐらいあります。阪神タイガースや広島東洋カープの株主資本は 90 億円，86 億円，ソフトバンクホークスは約 250 億円です。こうした数字は J リーグでは見たことがありません。プロ野球の球団にはそれなりの内部留保があるということです。

　一方の J リーグですが，債務超過を解消し内部留保は積み上がりつつありますが，鹿島アントラーズや FC 東京，川崎フロンターレの約 20 億円が上位クラブです。債務超過は許されていませんが，繰越欠損のあるクラブは残っています。

　そうなると，新型コロナウイルスなど感染症や自然災害など予想外のリスクに見舞われた時，内部留保が枯渇して経営が圧迫されてしまいます。プロ野球がリスク対応力（潤沢な内部留保）を有しているのは，試合数が多くて儲かる仕組みがあること，昇降格のない閉鎖型リーグで無理な選手投資をしなくてもよいことがその理由ではないかと思います。

　アメリカのような閉鎖型のリーグは，（日本のプロ野球は少し違いますが）共存共栄をベースに考えています。その意味では，B.LEAGUE も 2026-27 シーズンから原則閉鎖型とする考え方で進めています。ただし，閉鎖型とすることで選手に不利益が生じないよう，さまざまな歯止めは必要です。

　昇降格はあるのですが，J リーグは地域に根づいていますから，降格した時でも我が街のサッカーチームを応援しよう，サポートしようとなる可能性が高いと思います。

　J リーグがコロナ禍対応として，金融機関と結んだ「コミットメントライン」（銀行融資枠の確保）の記事が日本経済新聞に掲載されました。「J リーグ，200 億円強の融資要請　観戦収入消え苦境」という見出しです（図 5-5）。リーグが銀行から借りたお金をクラブに転貸する，コロナ禍の特例という意味合いもあり，個々のクラブではなくリーグがセーフティネットとして資金調達の対応をしたということです。万が一試合が開催できない場合，DAZN の契約金額の

Jリーグ，200億円強の融資要請　観戦収入消え苦境

日本プロサッカーリーグ（Jリーグ）が三菱UFJ銀行と商工組合中央金庫に対して，コミットメントライン（融資枠）の設定を含む計200億円強の融資を要請した。新型コロナウイルスの感染拡大でリーグの開催延期が続くなか，クラブ支援などの資金を予防的に手当てする。特に中小のクラブでは観戦収入の激減で資金繰りが課題となっていた。

Jリーグは28日，理事会で融資枠の設定を承認したと発表した。三菱UFJ銀とは200億円前後の融資枠の設定で調整している。事業環境の一段の悪化に備え，迅速に調達できる枠を拡充する。商工中金は数十億円を融資する見通し。1993年に創立したJリーグが金融機関からまとまった額を借り入れるのは初めてとみられる。

Jリーグには財務基盤が弱いクラブも多い。J1のサガン鳥栖は2020年1月期の純損失が20億円と，2期連続の赤字となった。下部のJ2，J3のクラブはさらに経営環境が厳しく，収入の柱の1つである観戦チケットやグッズの販売が滞ったことで資金繰りに悪影響が出ている。

Jリーグは15日にクラブへの融資制度で，借り入れ上限額を引き上げたり，返済期日を延ばしたりする特例措置を発表した。金融機関から新たに調達した資金はこうした支援に充てるとみられる。

Jリーグ自体の先行きにも不透明さがある。Jリーグの経常収益の約65％は放映権収入が占める。動画配信サービスのDAZN（ダ・ゾーン）と17年からの10年間で約2100億円の大型契約を結んでおり，このまま試合が開催できなければ契約額の減額につながる懸念がある。他のプロスポーツでも大会やリーグの中止・延期が相次いでおり，収入が絶たれる競技団体は多い。

図5-5　Jリーグが金融機関と結んだ「コミットメントライン」に関する新聞記事
出典：日本経済新聞（2020/4/28）

減額に繋がる恐れもありますから。

　コミットメントラインは銀行が必ず貸すことを約束するものです。借りなくても手数料（1〜2％）はかかりますが，外部（特にスポンサー）に向けた信用力補完の効果があります。コロナ禍のリスク対応として，Jリーグはこのような手法を選んだということです。

■ 資本対策の具体的手法

　Jリーグ，B.LEAGUEとも，有償増資や無償増資など，さまざまな資本対策の具体的手法をクラブと一緒に考えながら実行してきた歴史があります。

　増資の方法には**図5-6**のような方法があります。種類株式を発行することも可能です（**表5-8**）。

　その他の資本対策は次のようなものがあります。

```
【有償増資】
■公募／割当増資
  ✓既存または新規の株主から現金を出資してもらうこと。通常の増資に応じてくれる出資者が
   いない場合、割当てる株式を種類株式にするなどの工夫が必要
■現物出資（増資）
  ✓既存または新規の株主から現金以外の財産を出資してもらうこと。どのような財産を出資し
   てもらうか、割当てる株式を種類株式にするなどの工夫が必要
■第三者割当増資
  ✓特定の第三者（取引先、取引金融機関、自社の役職員等）に新株を引受ける権利を付与、新
   株を引き受けさせること
  ✓株価が低い等で通常の増資ができないときなどに利用することが多い
【無償増資】
■ DES（Debt Equity Swap：債務の株式化）
  ✓債権者が金銭債権（貸付金など）を現物出資して株式を取得し、結果として実際のお金の動
   きが全くないまま資本に振替すること
■未処分利益＝繰越利益剰余金を資本金に組み入れる
```

図 5-6　増資の方法

表 5-8　種類株式

種類	特徴
優先株式／劣後株式	剰余金や残余財産の配分において他の株式より優先／劣後する株式
議決権制限株式	株主総会の全部または一部について議決権を行使できない株式
譲渡制限株式	譲渡について会社の承認を要する株式
取得請求権付株式	株主が会社に取得を請求できる株式
取得条項付株式	一定の事由が生じたことを条件に会社が取得することができる株式
全部取得条項付株式	株主総会の特別決議により会社が全部を取得することができる株式
拒否権付株式	あらかじめ定款に定められた事項について拒否権のある株式（黄金株）
選任権付株式	取締役・監査役の選任権を持つ株式 指名委員会等設置会社及び公開会社は発行できない

　100％減資後の株式の割当＝会社が現在発行している株式のすべてを償却（無価値化）して，その後新しい株主の出資に対して株式を割り当てます。この手法は一般的には何度もできません。減資をするということは，現在の株主にとっては株価が「0」になってしまいますから簡単ではありません。既存株主

の犠牲のうえで，クラブは継続し続けるのかと批判の的になります。きちんと丁寧に株主と向き合う必要がありますから，Ｊクラブのように多くの株主を集めている場合には，減資をしようとすると相当な手間暇がかかってしまいます。ただ，根本的な会社の再建には用いられる手法です。

DDS（Debt Debt Swap：リスケジュール）＝債務を通常のローンから長期の劣後ローンへと組み換える手法です。企業の過剰債務状態を軽減し，再建の可能性は高まりますが，金融機関など債権者の同意が必要となります。

事業譲渡（会社分割）＝全部または一部の事業を外部に売却する方法で，特定の事業を売却することにより，契約金額によっては自己資本にプラスの影響を与える可能性があります。会社を複数の法人格に分割し，新会社として独立させたり，他の企業に承継させたりすることも可能です。

■地方自治体からの支援策

Ｊリーグでは３分の２ぐらいのクラブが地方自治体の出資を受けています。出資比率25％以上だと，第三セクターの位置づけとなります。貸付金や補助金，業務委託費（クラブ側が受託）という方法もあります。損失補填も取り得る手段です。実際にこれぐらいなら損失補填をしてもよいと B.LEAGUE に提案してきた行政もありました。

施設使用料等の免除もしくは減免はよく使う手です。合理的な理由付けは必要ですが，Ｊリーグでは地域に根ざしたＪクラブと向き合うため，自治体同士で情報交換をしています。

■固定資産の保有

クラブ経営はサービス業であるため，固定資産の保有ニーズは少なくなります。若手選手の寮などはありますが，スタジアムを自前で保有しているクラブはほとんどありません。収益施設であるアリーナなら事業運営権を取得して，その期間（30〜50年程度）で償却していくという方法があります。

それ以外には，現物出資でスタジアムの一部を譲り受けることで，それまで
の賃料が減価償却に変わることがあります。

　練習場，独身寮やクラブハウスなどをクラブの象徴，地域コミュニティ形成
の目的で保有することも考えられます。資金調達が必要な場合は寄付を受け
る，または自己資本や長期借入で賄うことが原則です。

本章のまとめ

　1993 年に開幕した J リーグ。開幕バブルとその後の低迷，そして 2002
年 FIFA ワールドカップ開催に伴う屋根付き大型スタジアム新設による再
生。そして，リーマンショックや東日本大震災を経験するなど，決して順調
な道程ではありませんでした。それと同時に財務基盤未整備も相俟って，多
くのクラブが存続の危機を迎えたのです。そうした中導入したのがクラブラ
イセンス制度。この制度を定着させたことが，今日の J クラブの基盤強化に
貢献したことは言うまでもありません。一方，クラブライセンス制度は時代
とともに変化していく必要があります。ライセンス制度の活用により健全経
営を促し，J リーグに積極的な投資を呼び込みつつ，ガバナンスの効いた組
織とすることで，今後大きく成長するチャンスがあると言えるでしょう。

CHAPTER
6 スポーツ界発展のために

――――――――――――――――――― 人が第一，戦略は二の次

1 経営の軸

　このアカデミーを通して最も言いたかったことは，「スポーツ界が発展して，他産業に引けを取らない一流の産業になって欲しい」ということです。本講議の最終回にあたり，経営の観点からお話をしたいと思います。

　最初に，「経営の軸」についてお話をします。

■経営 3 要素

◆組織の「ミッション」「ビジョン」「バリュー」を明示

① トップが各論まで入り込まずとも仕事の質に差が生じず活動できる状態
② 全役職員が組織として大切にするべきポイントを理解
③ スピードやクオリティーを維持し続ける状態が実現可能

◆「ミッション」「ビジョン」「バリュー」に基づく活動により，職員に共通の意識が "らしさ" として随所に表れ，組織のブランドイメージを確立
（図 6-1 参照）

　組織経営の背骨としての「ミッション」「ビジョン」「バリュー」は，一般企業と同じく，スポーツ団体においても重要な 3 要素だと言えます。組織のミッ

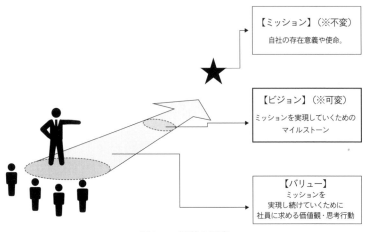

【ミッション】（※不変）
自社の存在意義や使命。

【ビジョン】（※可変）
ミッションを実現していくための
マイルストーン

【バリュー】
ミッションを
実現し続けていくために
社員に求める価値観・思考行動

図 6-1　経営 3 要素

ション，ビジョン，バリューはきちんと明示していくべきです。それらが徹底されることにより，トップが各論まで入り込まずとも，全役職員の仕事の質に差が生じることなく，同じ方向に向かって活動ができます。組織として大切にすべきポイントを皆が理解して，スピードとクオリティーを維持し続ける状態を実現させることが可能となるのではないでしょうか。言い換えれば，組織のブランドイメージを確立できます。

■ ミッションとバリューは組織の魂

　最初に「ミッション」を持ってきましたが，ミッションは組織の使命，存在意義，組織活動の方向性を決める指針・原動力という部分です。いろいろな会社の事例がありますが，B.LEAGUE でいうと，

　　『世界に通用する選手やチームの輩出』
　　『エンターテイメント性の追求』
　　『夢のアリーナの実現』

　これらを「三つのミッション」とし，使命および組織活動の方向性として位置づけています。

　もともと男子トップリーグは bj リーグと NBL という二つのリーグに分かれていました。片方は地域を中心にバスケットボールの盛り上げを目指していたのですが，世界を目指す気概はない。もう片方は，日本を代表するトップ選手を集めて試合をしているものの，お客さまに楽しんでいただく，エンターテイメント性を追求する，という気持ちが不十分。それぞれが得意とすること，逆に言えば欠落しているこの二つをミッションとして最初に掲げつつ，それを叶えるキーファクターであろう夢のアリーナの実現を，3 番目のミッションに加えました。

　総花的なミッションを掲げているスポーツ団体はありますが，具体的なミッションに落とし込んでいる組織はまだまだ少ないのではないかと思います。

　次に，「バリュー」です。B.LEAGUE では，「BREAK THE BORDER」=「前例を笑え」，「常識を壊せ」，「限界を超えろ」としています。これが組織に共通する価値観であり，役職員一人ひとりが意識するべき指針となります。

　私がチェアマンの職を辞する時に話したことは，「BREAK THE BORDER を忘れたら，B.LEAGUE の成長は止まる」です。前例を踏襲するような経営をするな，ということであり，先ほどの三つのミッションとバリューについては，言い続けることが極めて大切だと考えます。

■ビジョンは変わるもの

　もう一つは「ビジョン」。これは，時間軸によって変わっていくものだと思っていて，将来のありたい姿・実現したい未来の姿，ということです。

　2015 年 9 月に B.LEAGUE という名称を決めて会見を行った際は，2020 年の東京オリンピックに向けて，どういう約束を世間にするべきか，どういうビジョンを持つべきかと考えました。男子代表がアジアで No.1 となること，1 億円プレーヤーを誕生させること，従来の 2 ～ 3 倍の水準にあたる入場者数

300万人と，リーグとクラブの事業収益300億円を目指すこと，さらにはアリーナ事業に参画していくことを目標に掲げました。

入場者数はコロナ禍もありやや未達ではありますが，直前では300万人に迫るペースで増加していきました。その他の項目については無事達成することができました。

そして，2019年7月，B.LEAGUE開幕10年の節目となる2026年に向けてビジョンを策定したものが，現在の「新B1構想」です。その実現のためにというか，2026年頃の未来の姿として，国民的スポーツとしての認知度向上，NBAに次ぐバスケットボールリーグの地位確保，憧れの職業No.1，就職したい企業No.1という野心的な目標を策定しました。

正確に言いますと，2015年〜2020年までがフェーズⅠ，2020年〜2026年に向けての期間がフェーズⅡ，2026年以降がフェーズⅢというフェーズ分けをしています。今は2026年に向けたビジョンを実現するための仕込みと成長の期間であるという認識です。

■経営理念・企業理念

経営者および組織が大事にしている考え方や価値観，精神として，ミッション，ビジョン，バリューがあります。その前提として，経営理念や企業理念というものがまずはありますという話をします。

経営理念や経営3要素が示されると、次のことが実現されます。

- ◆組織として進むべき方向性を見定め，長期的な発展が可能
- ◆価値観や目標を統一することで，自律的に行動できる職員増
- ◆理念または3要素に共感する人材が集合
- ◆活動を通じて組織のブランドが確立可能

（図6-2参照）

事例を見ますと，JBAは「バスケットボールで日本を元気します」が理念。

◇経営理念と経営3要素との関係は3パターン
　①経営理念＝ミッション
　②経営理念＝ミッション＋ビジョン＋バリュー
　③経営理念が最上位概念

図6-2　経営理念と経営3要素の関係

B.LEAGUEもこの理念を謳っていますが，実は2015年にB.LEAGUEという名称を発表する際に三つのミッションを発表し，2015年暮れから2016年初頭，「バスケットボールで日本を元気にします」という理念と「BREAK THE BORDER」というバリューを決定し，最後にビジョンを策定したというのが事実です。

■ 行動指針は羅針盤

　最後は行動指針です。事業活動の羅針盤として，理念やミッションを実現するためには具体的にどのように行動すべきかを定めたものが行動指針です。バリューと似ているかもしれません。先日，西宮ストークスのオーナー企業の社長である渋谷順さんがお話になっていたように[1]，SDGs，ESGやカーボンニュートラルとか，そういうことを意識しないで，アリーナ建設やアリーナ運営に取り掛かると，結局はサスティナブルではないよ，ということです。

　もはやB.LEAGUEだけではなく，クラブや他のリーグも含めて，そうした

---

1) CHAPTER 3「ソフト・ハード一体経営」講義実施にあたってのゲストスピーカーとしてお話をいただいた。

ことを認識しながら行動しなければならない。これはスポーツビジネス全体でも同じであります。

2 ガバナンス

次に「ガバナンス」の話をします。これは CHAPTER 1 でもお話したことですが，もう一度お話したくて，少しおさらいになってしまいますが聞いてください。規約や規程というものは，組織的な企業活動を遂行する際に，効率性と永続性を担保するためのルールを明文化したものだと考えています。

■規程整備とガバナンス

諸規程の整備が不十分だとなぜガバナンスが効かないのかというと，責任と権限の範囲が不明瞭になるからです。要するにベースとなる行動指針を諸規程に落とし込んでいるわけですから，それが不十分だと業務上の判断がその都度変わってしまうリスク，業務の標準化が図れない，ノウハウが蓄積されない，といった問題が生じます。

諸規程の整備は，事業の品質維持・向上と内部統制の強化に寄与しています。整備する際のポイントは下記の通りです。

◆組織の運営に必要な諸規程が作成されていること

◆規制法規に抵触しないこと

◆規約規程間で整合性があること

◆役職員に周知する仕組みがあること

◆定期的な見直しを行うこと

◆規約規程の管理を適切に行うこと

■ 透明性の向上

　企業統治をしていくうえで大事なことは「多様性」「実効性」「新陳代謝」。これはスポーツ団体ガバナンスコードの原則2にあるものです。女性役員が4割いればそれでよいという単純な話ではありませんが，ガバナンス強化と経営の透明性向上は企業経営の常識となっています。そうした背景があり，スポーツ界にさまざまな不祥事が起きた際に，スポーツ界だけに任せておくときちんとした運営は無理だぞという危機感の中から出てきたものが，スポーツ団体ガバナンスコードです。

　したがって，多様性としての外部理事や女性理事の割合の問題，実効性確保の観点からの理事数の適正化，そして定年制の導入や再任上限の決定も新陳代謝には大事で，ここがポイントとなるのです。

　会計・労務・法務の問題は，それらを重要視せず，軽視もしくは後回しにするスポーツ団体が非常に多いということ。会計・労務・法務の3要素というのは，企業経営の基礎となります。営業重視というところから始めると，必ずこここの落とし穴に嵌ります。「営業，営業……」，営業をして稼いでくることこそが一番だと思っている経営者や団体がありますが，本当はトップがリスク管理や会計・労務・法務の3要素に敏感になること。これが非常に重要なことだと認識して欲しいのです。

■ アカウンタビリティーとリスク管理

　スポーツというのは，ルールに則ったフェアプレーが求められますから，公平性・中立性・透明性が大前提であることを忘れてはならないということです。そこをしっかり遂行しなければ，当該スポーツの競技者やファンが減ることになってしまうでしょう。その意味で，統治機能3要素と言われている，ガバナンス，コンプライアンス，アカウンタビリティーの整備充実がスポーツ団体の透明性を確保し，スポーツビジネスの信頼向上に大きく寄与するのです。

　JリーグやB.LEAGUEのように，リーグ・クラブの財務状況を公表してい

く姿勢は欠かせません。Jリーグのクラブの中には，決算をきちんと記者発表して会見までしているクラブがあります。B.LEAGUE でも千葉や宇都宮のようにリーディングクラブになっているところは，しっかりとした決算発表を行い，事業報告をしていますし，秋田ノーザンハピネッツやレバンガ北海道など，そうしたクラブが増えていくことでしょう。

そして，リスク管理。競技者と競技関係者，オペレーター（興行関連者），オーディエンス（観戦者），経営，その他に分かれますが，事故・不祥事・ドーピング・契約トラブル・天候災害・感染症・誹謗中傷・資金繰り・訴訟などなど，スポーツビジネスには多方面に亘るリスクがありますので，経営者は常に細心の注意を払っておかなければならないのです。

現在，B.LEAGUE を見ていますと，チケット販売のトラブルが散見されており，クラブにも迷惑がかかっているところがあるのですが，こうしたことも含めたリスク管理が必要となります。

3 人材育成

三つめが人材育成の話です。役員やトップ（社長，会長，理事長）などの経営人材が非常勤，または親会社からの出向者であるケースがあります。常勤の役員がいるのは本来当然のことであり，特に代表権のある役員がどれだけ経営にコミットメントできるかという観点が大切であると思います。スポーツ競技団体には，理事長，会長のポストにいわゆるお飾り人事が多く見られるからです。

以前もお話しましたが，Jリーグも 1990 年代は非常勤や代表権のない役員が実行委員として会議に出席することがありました。実行委員というのは，クラブを代表してその場で判断し，責任持って賛否できる人であるべきなのですが，「それは会社に持ち帰らないと判断できません」ということがありました。

一方で，人材の多様化を図るという観点では，外部から多くの（非常勤）役員を登用していく必要があります。また，幹部職員に研鑽の機会を与え，若手

でも能力のある職員を経営層に登用することも大切です。

■競技の壁を越えた人材育成

　さらに，スポーツ界でよく見られることが競技間の壁です。サッカー界には
サッカー出身の人，ラグビー界にはラグビー出身の人という純血意識が強く，
競技団体間での人事交流はほとんどありません。一般の企業活動では，異業種
連携，異業種アライアンス（協力体制）といった業界・業種を超えた協働が今
や当たり前のことです。ですから，競技間で横串を刺しながら，その壁を取り
払うことが喫緊の課題となっています。

　そして，人材育成の大きな問題としてキャリアパスがあります。職員の多く
は中途採用ですが，組織運営の観点からはゼネラリストとスペシャリストの両
方を揃えて，各々の強みを活かした配置をして欲しいと思います。ゼネラリス
トには異動や他団体への出向など，多様なキャリアプランを用意すること。ス
ペシャリストはスペシャリストとして，定年再雇用やジョブリターン等を活用
して育成・底上げを質と量の両面でサポートしていくことが必要です。

　職員の採用・教育という面では，小規模なスポーツ団体が多いですから，
個々に実施することは負荷が高いと思います。JSC（独立行政法人日本スポーツ振
興センター），JSPO あるいは JOC といった競技横断的な統括団体が，スポーツ
団体職員の一括採用と教育の実施を担ってもいいのではないか。そうすること
で，情報やノウハウの蓄積，より良い人材確保が可能となるでしょう。スポー
ツ大学校のようなものを設立し，専門人材を保有することも考えられます。

　B.LEAGUE は，今年度 25 名程度と多くの採用を行うと聞いています。その
際 B.LEAGUE の中だけで仕事をさせるのではなく，一定数のプール人材を確
保して，それを人材交流＝クラブとの交流人事に使っていく，そういうことを
検討すれば良いと思います。

　最後に，人材育成面で一番遅れているであろうと思われることが「人事評
価」です。公正公平な評価が職員のモチベーションやエンゲージメントを向上

させますし，上司と部下の定期的なコミュニケーションが圧倒的に大切です。どの職種で，どんな階層に，どんな期待要件があるのか，何で評価するのか，こういったことをしっかりと提示して，評定者会議などの採り入れも検討すべきでしょう。

4 スポーツ経営『あいうえお』

いよいよ最後となりますが，スポーツ経営『あいうえお』の話をします。

「あ」は『案』：

アイデア，アクティブ・ポジティブ・クリエイティブというように，スポーツビジネスに限りませんが，アイデアを持って企画実践をしていく。これが第一。

「い」は『員』：

仲間づくり，組織づくりです。人は財産であり，人材育成が明日に繋がることを肝に銘じる必要があります。

「う」は『運』：

アイデアを出して企画をし，組織を作ったら次は運。チャンスを呼び込む運も実力のうちだと思います。

「え」は『縁』：

私が最も大事にしているのは「縁」と「恩」なのですが，出会いを大事にし，縁があれば道は開けるというご縁。

「お」は『恩』：

ご恩に対して謙虚に感謝する。偉そうにしない。関わるすべての人のためにという，「あいうえお」が大事だと思います。

■CEO とは

最後に，2001（平成13）年10月29日，日本経済新聞の朝刊に掲載されたジャック・ウエルチさん（元ゼネラル・エレクトリック会長）が『私の履歴書』の

中で，「CEO とは」を語っておられましたので，ぜひ読んでいただければと思います。この①から⑥は，私自身の行動指針でもあります。

　最高経営責任者（CEO）というのは，とんでもない仕事だ。1 年先まで予定が埋まり，それでいて毎日予期せぬ危機が起きて日程が狂い，1 日が非常に長く，しかももう少し時間がほしいと焦るほど時が速く過ぎ去っていく。重大な決断をする重圧が常にある。何をしていても仕事が頭から離れない。

　勝つ喜びも，負ける苦しみもある。だが良い方が悪い方より圧倒的に多く，面白さは何物にも換えがたい。義理で出席しなければならない外部の退屈なイベントやパーティーは多いし，出たくもない業界の会合も多い。中には大統領招待の公式ディナーなど，亡くなった両親に見せたかったと思うような特別に名誉なものもある。〜中略〜

　ここで CEO が重視すべきポイントを列挙してみよう。

① **常に首尾一貫していること。**別に私がいつも正しいとは限らないが，私が何を求めているかを常に率直に周囲に伝えて，組織に統一性を与えることだ。

② **形式張らずに自由で気楽な雰囲気をつくること。**序列や段取りを重視する官僚主義は人と人との間に壁をつくるだけだ。地位，肩書に関係なく，だれもが自分の意見を尊重してもらえると思える組織を目指す。

③ **傲慢と自信の違いを知ること。**傲慢な人は他人の言葉に耳を傾けない。自信のある人は異論，異見を歓迎し，素直に耳を傾けるだけの勇気を持っている。

④ **人が第一，戦略は二の次と心得ること。**仕事で最も重要なのは適材適所の人事であって，優れた人を得なければ，どんなに良い戦略も実現できない。

⑤ **実力主義で明確に差別待遇すること。**差別化は実に辛く厳しい。部下

を気楽に差別化できる者は組織人間ではないし，差別化できない者は
管理職失格だ。

⑥ **最高のアイデアは常に現場から生まれる。**本社は何も生まないし，何
も売らないことを肝に銘じよう。

（2001/10/29　日本経済新聞より，太字筆者）

何かの参考になればと思い，ご紹介せていただきました。

本章のまとめ

　6回の講義を通していろいろとお話をしてきました。リーグ・クラブの戦
略を知り，マーケティングや財務・ファイナンスを正しく理解することが重
要です。しかしながら，ジャック・ウエルチさんのおっしゃる通り，「人が
第一，戦略は二の次と心得ること」こそが，スポーツ界発展の最も大切な要
素であり，そのための人材育成の必要性を改めて認識しています。

おわりに

　早いもので大阪成蹊学園にお世話になって 2 年が経ちました。当初は「びわこ成蹊スポーツ大学副学長」兼「大阪成蹊大学スポーツイノベーション研究所所長」として着任し，2021 年 10 月以降は「びわこ成蹊スポーツ大学学長」兼「大阪成蹊大学スポーツイノベーション研究所所管役員」を務めています。

　大学の使命は「研究」「教育」「産学連携」だと言われています。銀行出身のため，これまで研究と縁が薄かった学長ですので，周囲はきっと苦労が絶えないことでしょう。一方，若手社会人の教育には長く関わってきましたし，就職受け入れ先企業が求める学生像といった逆から物事を見ることはできます。また，J リーグや B.LEAGUE での経験に基づく産学連携や地域貢献の実態はよく承知しています。通常の教員のイメージとは異なる実務家教員として，スポーツ界の未来を担う国際通用性のある人材の育成に注力しています。

　スポーツ界で得た数々の現場経験の熱が冷めないうちに，と始めたスポーツイノベーションアカデミー。本書は私の講義部分の実録となりますが，実際には多くの著名なゲスト講師陣に来ていただき，そのお話を聞くことで，私自身が大きな刺激を受けました。また，大学・学園が J リーグセレッソ大阪，B.LEAGUE 滋賀レイクス，V リーグ久光スプリングスとパートナーシップ契約を締結していますので，現場の生の声を聞く機会に恵まれていること，京都府バスケットボール協会役員としてアマチュアスポーツの実態に接することで，中高部活動の課題を肌で感じることができます。大学教員として現場を知らずに研究・教育はできないと確信しています。

　最近では，B.LEAGUE 新 B1 構想に伴うアリーナ建設のご相談を受けることが多くあります。また，時にはクラブ・チームの M&A 情報に接することもあります。アリーナ建設は土地の選定，建設資金の確保，竣工後の事業採算向上など，多角的に検討を進めなければいけないのですが，これまで築いてき

た人脈には大いに助けられています。

　本書の発刊を通して，アカデミーでお話をした内容をふり返ることができました。リーグ・クラブの経営戦略，スタジアム・アリーナ改革，マーケティング戦略といった，事業拡大に向けた内容の講義は，ゲスト講師陣との対談も含め受講生の興味関心度が高かったでしょう。しかし，ガバナンスや財務・ファイナンスを確りと理解する必要性，その基盤に支えられての事業規模拡大であることを再認識した次第です。スポーツと DX，社会連携（シャレン）とホームタウン活動，スポーツインテグリティ，学校部活の地域移行といった内容はまだまだお伝えできていないとも感じています。

　スポーツ界に関わること通算 12 年。一番思い出に残る時期は，B.LEAGUE 開幕前の 1 年 6 カ月でしょうか。文字通りの小所帯，産みの苦しみと期限に追われる中で，B.LEAGUE という名称やロゴ，アンセムなど，若者の意見や感性を積極的に採り入れました。オープニングセレモニーについて，歴史的開幕戦となるべく若手を中心に大いに議論をして，とにかく「今までに例のない常識破りのビッグかつクールなこと」をやりたいと考えていました。マイケル・ジョーダン氏を開幕戦に呼べないか，アダム・シルバー氏（NBA コミッショナー）が来て開会宣言をやってくれないかなど。そうこうしているうちに出てきた話が LED コートです。もちろん，LED コートを採用するにあたっては紆余曲折があります。地上波放送が予定される中，テレビ中継の途中で電気が切れたら一大事です。リスクをミニマイズする方法を模索したうえで，LED コートの採用を決定したのです。

　ロゴを決めた時のエピソードを思い出します。B.LEAGUE という名称は決定したものの，どんなロゴが良いのかという問題に直面しました。普通の組織でよくあるケースは，最後はトップが決めるということ。ですが，B.LEAGUE 発足当時，ターゲット顧客にした層は若い人，中でも女性ファンです。にもかかわらず，年配層であるトップがしゃしゃり出て俺が決める，では最適解を得ることはできないと考えました。若いスタッフの意見と，中高生の

子どもを持つスタッフによる中学・高校へのヒアリングの結果，圧倒的多数で現在ある BLG を縦に並べるロゴを採用することが決定したのです。今だから正直に話すと，川淵さんも含め我々は，選ばれたロゴのどこが良いのかサッパリ理解できていなかったというのが事実です。

　この話のポイントは，「BREAK THE BORDER」です。まさに前例を笑え，常識を壊せという発想から生まれたアイデアです。この DNA が B.LEAGUE の中に生き続けている限り，B.LEAGUE は成長を続けることが可能でしょう。もしもこの DNA が組織からなくなってしまった時は……。今後を大いに期待したいと思います。

　最後になりますが，本書の企画をしていただきました Editor/Writer の羽上田昌彦さま，今回の出版に快く応じていただいた晃洋書房の吉永恵利加さま，アカデミーにご登壇頂いた多くの講師の皆さまに，この場を借りてお礼申し上げます。

　2022 年 5 月

大 河 正 明

大 河 正 明 （おおかわ　まさあき）

1958年 5 月31日生まれ　京都府京都市出身

【主な経歴】
1981年 3 月　京都大学法学部卒業
1981年 4 月　株式会社三菱銀行（現株式会社三菱UFJ銀行）入行
1995年 5 月～1997年 6 月　社団法人（現公益社団法人）日本プロサッカーリーグ出向
2010年10月　株式会社三菱東京UFJ銀行（現株式会社三菱UFJ銀行）退行
2010年11月　社団法人（現公益社団法人）日本プロサッカーリーグ 入社
2014年 1 月　社団法人（現公益社団法人）日本プロサッカーリーグ 常務理事
2015年 4 月　一般社団法人（現公益社団法人）ジャパン・プロフェッショナル・バスケットボール
　　　　　　リーグ 理事
2015年 5 月　公益財団法人日本バスケットボール協会 専務理事 兼 事務総長
2015年 9 月　一般社団法人（現公益社団法人）ジャパン・プロフェッショナル・バスケットボール
　　　　　　リーグ 理事長（B. LEAGUE チェアマン）
2016年 6 月　公益財団法人日本バスケットボール協会 副会長
2019年 6 月　公益財団法人日本オリンピック委員会 理事
2020年 7 月　びわこ成蹊スポーツ大学 副学長
　　　　　　大阪成蹊大学 スポーツイノベーション研究所 所長
2021年10月　びわこ成蹊スポーツ大学 学長

【現在役職】
びわこ成蹊スポーツ大学 学長
大阪成蹊大学 スポーツイノベーション研究所 所管役員（学校法人大阪成蹊学園 理事）
一般社団法人京都府バスケットボール協会 理事（会長代行）
公益財団法人日本サッカー協会 アドバイザリーボードメンバー
公益社団法人ジャパン・プロフェッショナル・バスケットボールリーグ 名誉会員
公益社団法人経済同友会 スポーツとアートの産業化委員会 副委員長
京都府総合計画策定検討委員会 委員

【バスケットボール競技歴】
1973年　第 3 回全国中学生バスケットボール優勝大会（現全国中学校バスケットボール大会）
　　　　ベスト 4
1975年　第22回近畿高校男子バスケットボール選手権大会（現近畿高等学校バスケットボール大会）
　　　　準優勝

社会を変えるスポーツイノベーション
2つのプロリーグ経営と 100 のクラブに足を運んでつかんだ，
これからのスポーツビジネスの真髄
2022年8月30日　初版第1刷発行

著　者　大河正明 ©
編　者　大阪成蹊大学スポーツイノベーション研究所
発行者　萩原淳平
印刷者　藤原愛子

発行所　株式会社 晃洋書房
　　　　京都市右京区西院北矢掛町7番地
　　　　電話　075 (312) 0788代
　　　　振替口座　01040-6-32280

編集協力　羽上田昌彦
印刷・製本　藤原印刷㈱
装幀　HON DESIGN（岩崎玲奈）
ISBN978-4-7710-3661-1

JCOPY 〈(社)出版者著作権管理機構 委託出版物〉
本書の無断複写は著作権法上での例外を除き禁じられています．
複写される場合は，そのつど事前に，(社)出版者著作権管理機構
（電話 03-5244-5088，FAX 03-5244-5089，e-mail: info@jcopy.or.jp）
の許諾を得てください。